微眼看历史

主编——钱斌

合肥工业大学出版社

图书在版编目(CIP)数据

微眼看历史/钱斌主编．—合肥：合肥工业大学出版社，2020.12
ISBN 978-7-5650-5290-3

Ⅰ.①微… Ⅱ.①钱… Ⅲ.①中国历史—近现代 Ⅳ.①K25

中国版本图书馆 CIP 数据核字(2020)第 270638 号

微眼看历史

WEIYAN KAN LISHI

钱　斌　主编　　　　责任编辑　疏利民

出　版	合肥工业大学出版社	版　次	2020 年 12 月第 1 版
地　址	合肥市屯溪路 193 号	印　次	2022 年 2 月第 1 次印刷
邮　编	230009	开　本	710 毫米×1010 毫米　1/16
电　话	理工图书出版中心：0551-62903018	印　张	16.25
	市场营销部：0551-62903198	字　数	187 千字
网　址	www.hfutpress.com.cn	印　刷	安徽联众印刷有限公司
E-mail	hfutpress@163.com	发　行	全国新华书店

ISBN 978-7-5650-5290-3　　　　定价：48.00 元

第二章	李瑞瑞	袁霖之	宋晶晶	刘　远
	王　魁	肖　玲	汪　月	周　慧
第三章	王翼猛	王　雪	王增明	张伟兵
第四章	郭子瑜	刘博涵	李　冰	汪　聪
第五章	王艺晓	陈精通	吴一凡	吴肖婷
	牛嘉民	李洪正		
第六章	王晓潇	洪　昊	李彦燃	谢　双
	朱　菁	肖　伟	韦文静	
第七章	李娟娟	汪家恒	温　越	张海玲
第八章	洪　昊	柴惠红	汪　进	何玥晗
第九章	曹振杰	陈卷叠	刘陈雪	余　浩
第十章	张乐敏	吴晨璟	储　晨	盛　俞
第十一章	张龙欣	张　想	黄咏薇	邝思晴
	杨泉慧	董雪纯	耿　妮	任姿璇
	杨若冰	严君怡	顿珠措姆	

传统文化组名单

统筹	杨金香	孙月龙		
篇名撰写	王庆新	石若轩		
各章题记	李晓群	徐再城	刘松林	杨金香
	高学文	魏秀琴	吕海鹰	古源信
	赵晓然	张连祥	张进财	

前　言

2019年3月18日，习近平总书记主持召开学校思想政治理论课教师座谈会。在会上，习近平强调，思想政治理论课是落实立德树人根本任务的关键课程。我们办中国特色社会主义教育，就是要用新时代中国特色社会主义思想铸魂育人，引导学生增强中国特色社会主义道路自信、理论自信、制度自信、文化自信。习近平指出，思想政治理论课教师要“创新课堂教学，给学生深刻的学习体验，引导学生树立正确的理想信念、学会正确的思维方法”。

呈现在大家面前的《微眼看历史》一书，就是中国科学技术大学和合肥工业大学两校马克思主义学院相关教师在思想政治理论课的教学过程中，依据本校学生特点，结合合肥师范学院、安徽医科大学、合肥职业技术学院、安阳工学院、安徽建筑大学和中国计量大学等高校同行的经验和建议，依托教育部和安徽省相关科研、教研项目，加以创新的“微创作教育教学方法”的实践成果。

“微创作教育教学方法”是基于情感认同理论的。

一般来讲，人们理论认同的形成是知、情、意、行综合作用的结果。在知、情、意、行中，情感因素发挥着基础性的作用。因此，要促使某一个体形成稳定的价值判断，不仅要重视其理性认知和思想觉悟的提高，更应增强其情感层面的认同感，唤起其情感的需要。

大学生的思想政治理论课，只有正确而深刻的理性认知才能激发相应的情感，也只有深切的感情认同才能强化其理性认知，有了理性认知和情感认同才能形成坚强的意志和坚定的马克思主义信念，通过意志过程将理性认知和情感认同转化为外在行为，明辨是非，择善而从。因此，情感认同是理性认同转化为实践行为的“桥梁”，情感是把某种价值判断落实在行为意志中的原始动力。

思想政治理论课要“铸魂育人”，必须更加重视“人的因素”。重视情感认同，关心受教育者的内心体验，尊重他们的情感思维，体现以人为本的教育理念。情感认同不仅仅是受教育者对所学的马克思主义理论有了认知和理解，更重要的是从情感上认可和赞同这些认知，这对教育内容的内化与外化有着非常重要的意义。只有被受教育者的情感所认同的教育内容，才有可能内化为受教育者自身的思想意识和政治信仰，才有可能促使受教育者自觉、主动地外化为自身的行为。同时，学生认同教师、认同思政理论课，也才会在学习的过程中更加积极主动，这是提升思政理论课课堂教学效果的有效途径。

“微创作教育教学方法”是一种教学模式。

其基本的做法，是教师围绕思政理论课的内容，指导学生创作有特定背景、特定主题的故事、小说、剧本、诗歌、信，以及视频、音频等“微作品”。一般文字作品在100～1 000字，音视频作品在1～5分钟。目前学生已创作各种文字作品1 200余万字，音视频作品8 000余个。

“微创作教育教学方法”的实施，是在正式上课前的一个学期。教师依据时事政治、社会热点和思政理论课课程内容，确定下一学期微创作主题，并进行教学过程的整体设计。

正式上课时，教师首先建立临时班委会，以便管理学生；组建网络虚拟班级，便于师生、生生及时沟通。布置创作主题后，教师督促学生认真创作，并要求学生查找素材，仔细阅读，深入构思，无论是怎样的作品呈现，首先都必须要有文字材料，并附上所查资料的截图。

学生创作完成后，教师将其中一些较好的作品，上传班级群，要求大家评论，并在课堂上让学生展示自己的作品，然后由教师进行点评。

课程结束后，由学生组成的评议组对微作品进行评议，作为同学们平时成绩的主要依据。

通过这种文创形式，展开马克思主义理论的逻辑线索，反映出历史和社会发展的必然规律，使学生在创作和鉴赏过程中受到教育，触发情感，内化为理论，外化为行动——这是我们教师团队设计的新型思政理论课的实践性教学方法。

本书所呈现的，是学生依据高校思想政治理论课《中国近现代史纲要》课程教材内容，逐章创作的微小说。学生们根据自己对课程内容的理解，发挥想象力、创造力进行创作，作品形式多样，语言活泼，思想敏锐。在国家的衰落与复兴、社会的动荡与富强、人生的悲欢与离合等具体情节之中，学生们表达出了对历史的反思、对现实的热爱和对中华民族伟大复兴的渴望，其中不乏精品之作。

目前，依托安徽省2019年高校思想政治理论课教学方法改革“择优推广”项目“中国近现代史纲要课程微创作教学法研究（项目号sztsjh2019—3—2)”，“微创作教育教学方法”已初步形成一套可复制、可推广的范式。本书即为该项目的重要成果之一。

“微创作教育教学方法”还是一种新型的高等院校思想政治教育方法。

思政理论课教师是学校进行思想政治教育的核心力量，但是长久以来，他们囿于课程教学范围，作用发挥有限。新时代的思政理论课教师，不仅要把教学组织好，把学生教好，还应该把学生日常思想政治教育、大学生创新创业项目、各类竞赛、团学活动等纳入自己的视野，主动作为，在整个学校的“大思政”中发挥引领作用。

如何发挥思想政治理论课“关键课程”作用，进一步将“立德树人”落到实处？学生创作的微作品提供了这样的契机：教师可以指导学生用自己的作品申报项目、参加比赛，使得各个方向的思政教育产生无缝对接，让思想政治教育伴随微作品持续发挥作用。这既是对学生本人再次进行熏陶和教育，也是让这些有针对性创作的、深受当代青年人喜爱的作品感染其他同学，传递了正能量，丰富了校园文化生活。

依据“微创作教育教学方法”的思路，教师团队还提出了大学生实践传统文化的“科研传承模式”。这是在“互联网＋”背景下，学生以团队方式学习、研究、体验和传播传统文化的独特方式，它将中华优秀传统文化的传承融入大学生日常生活之中，较好地实现了学生对中国特色社会主义文化的情感认同，增强了文化自信。

目前，学生们在教师的指导下，以微作品作为成果和基础，申报了“新时代革命文化传播范式研究（项目编号：201910359058）”“中华工匠精神的历史传承与当代弘扬研究（项目编号：2018CXCYS118）”等国家级、省部级和校级的项目20余个，组织了10多个三下乡团队，参加各级各类比赛、评比获奖近200人次。学生撰写论文、调研报告40余篇，出版了《微小说 对中国近现代国情的思考与表达》（文化发展出版社，2017）、《中华孝故事》（中国言实出版社，2018）、《人生智慧三十六计》(合肥工业大学出版社，2019)、《浮山遗韵》(合肥工业大学出版社，2019)、《君子故事》(福建教育出版社，2019)等5部微作品集。

“微创作教育教学方法”还进行了指导当代大学生进行中国特色社会主义文化传播的尝试。

依托教育部规划基金项目“区域革命文化的生态与新时代传播实证研究(项目号：18YJAZH069)”，教师团队对“微创作教育教学方法”的内涵和外延做了进一步的拓展，认为当代大学生不仅是受教育者，同时也是教育者，他们是中国特色社会主义文化传播的中坚力量。本书就是该项目研究的阶段性战果之一。

本书在编辑过程中进行了很多创新。首先是起用部分学生作者作为编辑，还邀请了部分其他高校学生加入编辑团队，共汇集了来自中国科学技术大学、合肥工业大学、合肥师范学院、安徽大学、淮南师范学院、石河子大学、铜陵学院、皖南医学院、重庆大学、湘潭大学、天津中医药大学、淮北师范大学、湖北大学、南昌大学、上海大学、浙江财经大学东方学院、安徽机电学院、芜湖职业技术学院等18所学校的近50名研究生、本科生。再就是注重中国特色社会主义文化内涵的融通，专门延请北京燕山诗社的老师，为书稿的每一章撰写对联题名和古诗题记，使中华优秀传统文化、革命文化和社会主义先进文化紧密融合在一起。这样，大学生编辑跟随教师团队，初步掌握了一些当代文化传播的理念、方法和范式。

思想政治教育需要抓手。在书稿的修改、编辑过程中，教师团队实现了对学生的再教育。书稿出版后，作品集将会伴随学生的一生，思想政治教育也就突破了教学本身，对学生的人生发挥长久的作用，实现思政教育的“终身教育”——这是“微创作教育教学方法”的宏大目标。

“微创作教育教学方法”旨在培养青年学生崇高的理想信念、坚定的价值取向、高雅的审美情趣和深沉的文化情感。诚愿这种方法能给高校思想政治理论课教学和学校的思想政治教育带来启发。我们共同努力，用新时代中国特色社会主义思想铸魂育人，培养出一批又一批合格的社会主义事业的建设者和接班人！

编　者

2021年11月

目　　录

第一章
夕阳泣血风云暗　华夏赍情宿梦惊

封建千年史册寒，雄狮未觉梦犹酣。
列强瓜分千秋耻，烈士擎天挽巨澜。

——李晓群

〔本章梗概〕

从1840年的鸦片战争开始，资本-帝国主义向中国发动了一场又一场的侵略战争。资本-帝国主义的侵略，是近代中国落后的总根源。救亡图存，成为一代又一代中国人的神圣使命。正是由于中国各阶层民众的反抗斗争，才使帝国主义不能灭亡中国。本章采录的微小说，从不同侧面反映出中华民族为了捍卫生存的权利，实现民族的复兴，在长时间里进行的可歌可泣、不屈不挠的英勇斗争。他们的故事将永远流传。

他的身上鲜血混着鲜血，分不清到底是自己的还是敌人的。

身边的人也浑身浴血，只是没有任何人在乎。他们只是麻木地将手中同样残破的武器，向不断扑来的敌人挥去。

“大家都坚持住，只要扛过这一会，我们就有援兵了。”将军喘着粗气说。

士兵的眼中出现了一丝神采，他们想着马上就会赶到的援军，又奋勇地向敌人冲去。

如他们所想，传令员正在来的路上。只是，他带来的，不是援兵即将赶到的消息，而是清政府对他们的放弃。

台湾失守。

——王梓帆

“贵国兵器甚好，朕预购火炮一千尊，价格何如？”皇上问道。

“陛下，我们不要钱，只需要您同意我们在大清国土地上修铁路就行。”外国使者的话音刚落，朝廷上的官员们就忍不住议论纷纷。大部分人觉得大清的国土比洋炮重要得多，大清地广物博，区区几尊火炮有何畏惧？

“那此事再议吧。”皇上皱眉道，“你们都退下吧。”

十年后，凭借坚船利炮，英军占领了大量大清的土地——势如破竹，易如反掌。

——程卓冉

“哦……上帝啊！这里……竟有这么多奇珍异宝啊！”士兵甲的眼中放着精光，一时间停下了动作，仿佛一切都静止了。

“别感叹了，快，快抢啊！”只见士兵乙抱着一个青花瓷瓶，踉跄走来。

“啊!”士兵甲如梦初醒，随手抓了一把珠宝放在口袋里。

只两三下，士兵甲的口袋就满了。士兵乙随手将他认为值钱的宝石装进手上的瓷瓶里。瓷瓶越来越重，宝石相互碰撞着，划破了青花釉面，士兵乙毫无察觉，继续肆意地破坏抢掠。

东方文明的精华和人类本性的美好在士兵们欣喜若狂的欢呼里哀声惨叫着。

——方耀

前线，他将洋人杀得丢盔弃甲，溃不成军。

“将军，朝廷八百里急令。”

“念!”

士兵看到内容后顿了一下：“即刻撤军，火速回朝。”

将军盯着节节败退的洋人，握紧手里的武器。“鸣金，收兵!”他咬牙切齿地转身，落寞地走在还在奋力往前冲杀的士兵之间。

是夜，将军单枪匹马冲向敌人的营寨。

朝廷上，“老佛爷，这是将军的奏折。”

打开奏折，原本红光满面的老人顿时面色煞白，奏折也跌落在地：“大丈夫当战死沙场，马革裹尸。犯我大清者，虽远必诛!”

——邓壮

前方来报：蛮夷之地英吉利入侵。皇上问：“可有应战者?”顿时群臣激昂，纷纷请缨。

前方来报：英法联军再度进犯我天朝。皇上问：“可有勇士?”众臣沉默以对，寥寥数人站了出来。

前方来报：八国联军即将攻至城下。皇上问：“谁可抵御?”众臣噤声，无人以对。

这一路逃亡，太后只想着如何议和，想着怎么赔罪。“朕的大清，亡了!”唯有不甘悲叹，徒留意难平。

——吴哲

“哥，怎么办啊？他们来了。”清脆的说话声中带着恐惧。

“别怕，咱们出生就在这片土地上，谁也赶不走咱们。”哥哥轻声安慰着。

突然一颗子弹射穿黑暗，枪声和闷哼声几乎同时打破沉静。

“哥！你还好吧?”弟弟惊慌地问，他知道哥哥受了伤。

“我……没事。听着，咱们生在这里，死也要在这里。”哥哥的语气坚定。

“嗯，只要和哥在一起，死也不足为惜。”弟弟一瞬间不再害怕了。

门内的一声脆响吸引了英法联军。

推开门，一对青花纹盘打碎在地，裂纹间透着隐隐血痕。

——刘威

19世纪末，德国皇帝威廉二世将《黄祸图》送给俄国沙皇，画面上对黄种人的偏见和敌意呼之欲出。他说：“黄种人和欧洲白人必有一战，到时我们可以趁机瓜分大清国。”沙皇听了原本近乎空想的计划，微微一笑。

而此时的清朝官员们手里拿着各类条款，正在焦头烂额地讨论是否应该借外债来偿还对外赔偿这个荒谬的问题。

颐和园内，慈禧正在观赏雪景，面露愉色，好似这场雪对大清来说是个好兆头。慈禧掩饰得很好，没人知道她的内心比这大雪冰冷得多……

——王虎跃

“阿满，门旁的鱼儿又开始闹腾了，你该去喂喂它们了，赶明儿别都死喽。”苍老的声音从床榻上传来，“给我把那东西拿来。”

“是，老爷。”阿满轻声应着，顺着老爷指的位置去拿匣子，嘀咕道：“近日老爷愈发虚弱，怎么连床都下不来了，什么病这么折磨人呢？”

阿满拿起匣子突然觉得不对：“老爷啥时候养了鱼？”他奇怪地向门旁看了看，顿时怔住了，什么鱼？那不过是一扇绣着锦鱼戏水的屏风！阿满手中的匣子“哐——”的一声落地，露出了明晃晃的烟杆……

——王艺晓

鸦片战争失败的消息传来，民众议论着。

A：“哎……这个国家怕是完了。”

B：“当初我还想着天朝地大物博，区区蛮夷又何足惧?！没想到……”

C：“唉，就算想到又怎样？打仗那是老爷大人们的事儿，我们哪说得上话啊！”

人们沉默，对祖国的无奈、愤怒、悲哀都被压进一片麻木里。

甲午战争失败，中国在列强的眼中成为鱼肉，民众议论着。

A：“怎么办啊？我们已经失去了台湾，该怎么办啊？”

B：“如果我们早一点反抗！就不会是现在这样的局面了……”

C：“唉……”

这四千年的大梦，终于要醒了。

——陈靖涵

“魏贤弟，我将此书和这些资料交付于你。你一定要将它妥善保管，加以利用。”林则徐将桌上的东西向魏源推了推。

“好，我一定记住林兄的话。”魏源看到书上“四洲志”三个大字，不再多问。

1842年。

“先生，你在干吗?”书童不解地看着魏源。

“哈哈，大功告成了！终于不负林兄所托，写成《海国图志》!”魏源狂喜道。

“请问先生，这本书的精髓是何?”书童从没听说过这本书。

“乃是‘师夷长技以制夷’啊！以此书富国强兵，抵御外敌!”魏源说着，心中充满无限期望。

——杨蓉

战场上，硝烟弥漫，空气中充斥着呛人的火药味，战士们一个个冲向敌人，又一个接一个倒下，鲜血浸湿每一寸土地……

在中国的另一处，一名男子站在高台上，有力地挥舞手臂，高喊道：“物竞天择，适者生存!”激情澎湃的口号引来大批群众，大家一起高喊，瞬间响彻云霄!

突然“轰”的一声！列强联军的炮弹如雨般落下，寂然无声……

——刘杰明

天朗气清，圆明园风光无限，英法联军在此相遇。

英国长官一上来就怒指法国军队说：“你们怎么可以用如此野蛮的方式破坏我大英帝国的财产!”

法国长官不甘示弱，吼道：“你们这群大胡子入侵者，在这里肆无忌惮地抢夺我们的财富，简直就是穿着军装的强盗!”

两军互不相让，大战一触即发，不久就传来一阵轰鸣的炮火声……

——刘磊

府内，大家心急如焚，纷纷劝道：“大人，琦善大人仍未发兵，我军无力为战。”

“仲因，放弃炮台退守，留得青山在，不怕没柴烧啊。”他摸了摸自己的宝剑，摇了摇头。

从背后传来一个铿锵有力的声音：“父亲为国尽忠，小女愿鞍前马后!”他慈爱地看着戎装待发的女儿，上前留下她的佩帏，独自走出家门。

府门渐渐关闭，门外是集合的号角，门内是女人的哭泣。

靖远炮台，残阳如血，将军如石像般伫立在高台，铠甲早已看不出原先的颜色，只有那手中紧攥的佩帏，依旧纯净得像一朵白莲花。

——刘文俊

黑暗中，我望向了它，一身漆黑，越看越像是人，但我知道，它只是人性最坏的那部分。

“中国，不堪一击；我无恶不作，无所不能!”

是的，它又来叫嚣了，不过这次，却是贴上了帝国主义的标签，“只要人有着对金钱财富权力无止境的欲望，我就永远不灭!”

它突然的阴笑让我浑身战栗，不禁转了个身，说道：“我相信，中国不会让你得逞的，我有信心!”我背对着它，声音愈来愈大，“革命，反帝……”

民族意识的觉醒，让我热血澎湃。我再次转身，却发现，它早已离去……

——朱永康

幽暗的英国驻华大使馆内，一名身穿长衫的年轻人低着头，弯着腰，双手奉上自己的珍藏：“大人，这是孝敬您的。”

大使瞥了一眼，轻哼一声，紧接着年轻人又从怀里掏出一张满是折痕的纸，恭敬地说道："大人，这是我祖上流传下来的地图。"

大使转过头，饶有兴致地说道："哦？我看看。"年轻人直起身子，谄媚道："大人，我帮您揉揉肩吧，我手艺好。"大使无心搭理，只点了点头，并未发现年轻人指尖的利器寒光，任凭他的双手搭上了自己的肩颈。突然"啊"的一声，鲜血从脖子喷溅而出，染红了泛黄的地图……

——李建祺

1895 年 4 月 17 日，李鸿章与日本代表伊藤博文签订了《马关条约》。

"老佛爷，微臣回来了。"李鸿章边行礼边说道。

"李爱卿此次舟车劳顿辛苦了，你为大清国做了一件大事，哀家要替大清国好好慰劳你才是，快！赐座。"

"老佛爷，您言重了。"

"听说你谈判的时候遇刺受伤了？现在怎么样了？"

李鸿章让人呈上一件带血的黄马褂说："有劳老佛爷挂念，微臣没事，只是这黄马褂……"

"辛苦你了，还留着呢，爱卿，你人没事就好。"

李鸿章肩膀一抖，眼睛湿润。

——任复杰

1839 年，鸦片早已侵蚀人民身心。关天培配合邓廷桢打击鸦片走私，支持林则徐禁烟行动。

一日，三人坐在一起喝酒。

关天培高兴道："这次行动真是大快人心啊！"

林则徐道："确实如此，想来很多人对此也是拍手称赞。"

邓廷桢沉默了一会，说："但我们这次行动怕是要惹一些人不高兴了，后果……”

关天培、林则徐相视一笑。

“想必大家作此决定前，便已想清楚。此去，若一去不回……”

“便一去不回！”

三人相视大笑，端起身前酒杯，一饮而尽。

——刘襄萍

只记得那天，风很大。

一兵道：“启禀大人，老佛爷吩咐过，只要不开战，一切依日本人的。”

李鸿章抖了抖手中的水烟袋，忧心忡忡，抬头看了看窗外呼啸的狂风：“咳咳，城下之盟，不得不签，没想到我大清竟让人逼至如此穷途末路！”

“大人，可要借枪伤推辞再议？”兵补充道。

李鸿章潸然道：“舍予命而有益于国，亦所不辞，吾必誓争到底！”

哪怕明知此去是非议纷纷、国耻加身，他也不能逃，不能躲。他何尝不希望大清能用强硬的态度和强悍的武力撑起国家在谈判桌上的高傲。然而，君无惜国意，将无报国情，他又能为之奈何？

秋风宝剑孤臣泪，落幕旌旗大将坛。忠于乱世，自古为难……

——金雨姝

“哥，你今天怎么回来这么晚？”小柱揉了揉双眼说。

“嗯，今天货多。”大柱淡淡地说。

“哥，那你明天还去码头扛货吗？”

“嗯，不然没有饭吃，没有饭咋活？”

“不知道这样的日子还要熬多久？哥，我快受够了！”

“只要还活着，就一定会有希望的。”

次日，天还未亮，只听到“咚”的一声，门又被踢开了。

“还不赶快去干活，不好好干，就别想吃饭了！”

大概是阴天的缘故，整天未见到太阳。不知明天，后天，大后天会不会出太阳。

——臧荫楠

“柳先生来了。”管家对吴地主说道。

“吴财主啊，英国人提出的占地种鸦片的事，你意下如何？条件可还满意？英国人可是急着要回复呢。”柳先生微微一笑。

“那都是害人的东西啊！你难道就没点良心吗？”吴地主怒斥道。

“我这也就是混口饭吃，可不，你看看我现在身上穿的，多洋气。吴财主啊，你不为自己考虑，也要考虑一下妻子儿女吧，你的大儿子明年可就要开始求学喽。”柳先生拍拍身上的灰尘。

吴地主陷入了深深的沉思。就在这时，门外传来了英军的叫骂声和刺耳的哨声……

——薛代钊

“别哭了，孩子。”男人半是焦躁，半是心疼。

“我好饿、好累呀，我们还要走多久啊？”孩子已经撑到了极限，倒在泥地上。

哭啼声刺痛了这个中年男人的心，干涩的眼中渗出两滴浑浊的泪水。

“好孩子，起来，我们马上就到了，到了奉天就有吃的了。”

“我，我——冷。”男孩的声音有些颤抖。

男人马上将身上单薄破旧的外套脱了下来，披在面黄肌瘦的孩子身上，咬紧牙关说：“我们走吧！再过一会，我们就到了！”

一阵秋风吹来，黄昏中，他瑟缩起身子。

——苑博

“你把哀家的这些宝贝送到西门宾馆和李中堂的人接头，让他带给那些外国人，恳请他们从京城撤军。”慈禧太后取下凤冠上九凤嘴里的夜明珠说道。

“太后万万不可，这几颗夜明珠价值连城，岂能便宜了那群洋人！”宫女急忙阻止道。

“放肆！你区区宫女懂什么？只要能保住哀家的位置，几颗夜明珠算什么？若那八国联军肯让哀家继续维持清朝的统治，中国这么大，他们想要什么我们就给他们什么！”

“还是老佛爷您想得周到，奴婢这就去办！”

——周俊冶

“伊大人，前面就是英国军队的康华丽号了。”随从的士兵说道。

作为光绪帝亲任的钦差大人——伊里布震惊了，羡慕地说道：“你瞧瞧，瞧瞧，这英国人造的大铁船，我们如何打得过嘛？这实在非战之罪啊！”

“可不是，英国人船坚炮利啊，我们跟他们开战就是以卵击石，定然没有好下场。”

伊里布摇头晃脑，朝着英国军舰走去。

深夜。

“臣不负圣恩，谈判成功，可使江浙一带酌议退兵！”

至此，中国近代史上第一个丧权辱国的条约签订。

——贺元洁

八国联军侵华时，何不二为了保护家人，杀死了几个洋人，却被清政府抓住交给洋人处置。最后洋人的决定是，用大火烧死他，让他灰飞烟灭，那一定很痛快！

只见何不二被缚在木桩上，他面无表情地看着身下刚被点燃的熊熊烈焰。周围黑压压的洋人高呼："烧死这个低等的人！"

何不二冷笑着说："我会死，但我的国家不会死，终将会有人替我报仇！"

何不二终于和家人在天堂团聚了，好在那里没有杀戮。

——任复杰

已记不清是哪一天，只记得是个阴天的夜里。

李二慌慌张张从家中跑出去，路上遇见张三。

"张三，快逃吧！听说洋鬼子打过来了，隔壁村的人都已经逃走了！"

"啊？真的吗？不行，我得回去一趟，我这些年的积蓄还在家里。"

"三啊，你不要命了啊！快点走吧，保命要紧！"

"唉，苦日子什么时候才是个头啊！我们能去哪啊？唉……"

——当自己的家都已不再安全，他们又能去哪呢？

——张恒

1899年，那年山东肥城的冬天很冷很冷。

"哎，你听说没有？"

"听说什么？"

"英国那个传教士死啦！"

"哎哟，死得好！"

"说是前两天老吴家和那洋人碰个正着，那帮传教士也是，没事老找什么麻烦，这不老吴家看不过去，一来二去就打起来了，谁知道那个英国人被打了几下就死啦。”

一个月后，山东巡抚衙门内。

“大人，太后那边的诏令，严惩凶犯，保护教民。”袁世凯微微一笑：“我定会亲自审理此案，明日启程。”

那年的冬天过后，肥城多了一座英国人的碑亭，横尸荒野的，是中国乡民的尸体。

——张宇静

“赵文兄，洋鬼子已经打到京城了，我们跟他们拼了！”

“说得对，跟他们拼了！”

战火纷飞，义和团顽强抵抗，但京城最终还是沦陷。洋人搜刮走无数珍宝。然而，腐败的清政府却下令，镇压义和团！

听闻此消息，赵文走到众将士面前：“但有一丝义气风骨，便不容山河残破，百姓流离。进者存焉，退者亡焉！”

轰轰烈烈的义和团，最终还是倒下了。

贯穿他们心脏的子弹，来自洋人的枪，也来自中国人的枪。

——王廷玥

“大人，前面的山谷里就是这片地区最后一股太平军了。”

“干完这件事，将军回京之后一定能升官发财！”前面的英国人用不流利的中文说道。这是他们这支洋枪队消灭的第几支太平军了？第四，还是第五？他也不想赶尽杀绝，可生在乱世，谁不是混口饭吃？

“报——将军，前面这支太平军多是没有战力的老弱妇孺。”

“嗯，都杀了，提枪，准备！”前面的英国人发号施令。

他全身一震：“……长官！”

这是他的同胞啊。

“磨蹭什么!”英国人吼道。

他双手颤抖地抬起了枪，对准了英国人的脑袋。

——徐昊良

秋，阴雨。

一位受重伤的英国军官被紧急送到天津租界的医院。由于军官身份特殊，整个医院戒备森严。

医生很快被两名士兵带到了手术室门前。只听翻译嘱咐道：“一定要救活他，他很重要!”医生说道：“好。”他理了下衣服，肃然走进手术室。

片刻后，凄厉的枪声刺穿雨幕。手术室内，军官胸口插着锋利的手术刀，而医生仰面在地，胸口鲜红。

第二天雨停了，火红的太阳从东方冉冉升起。

——府庆煜

“少穆……救我……我好难受。”我知道，说出这句话的我狼狈不堪，犹如渣滓。可是我忍不住，鸦片像空气，没了它，我就不会呼吸。

牢笼外的他并没有说话的打算，盯着我，像是凝视黑夜。“呵，好一个钦差大臣，林则徐，你看看那些洋人，看看咱们的官员！他们不会让你得偿所愿!”他还是不说话，转身离去。

他的声音终于传进我的耳朵：“若鸦片一日未绝，本大臣一日不回!”

——缪茜

1894 年 11 月，日军占领旅顺。

平日闲游的道长今日带着徒弟超度阵亡的将士。

一群日军破门而入，为首的人抽出军刀，指向道长，命令他超度日军阵亡将士。

道长岿然不动，闭目垂首。

日军军官大怒，指挥士兵抱来干草，点起火，竟将道长活活烧死。

道长至死依旧未发一言。

而此时，皇宫中，老佛爷大宴群臣，歌舞升平。

——卞森

慈禧："下月是哀家生辰，谁有本奏？"

大臣："启奏老佛爷，臣等想着召集文武百官设宴三日，只是……"

慈禧："哦？"

大臣："只是如今我大清内忧外患，国库空虚，恐——恐怕不得已稍微从简才是。"

慈禧："哦，依你看，省减哪一方面支出是好啊？"

大臣："老佛爷息怒，臣想着——不如削减海军军费和边防经费？"

慈禧："给哀家好好操办，让他们瞧瞧，我大清兴盛，天朝国盛！"

——姜雨薇

隆隆的炮声打破了拂晓的宁静。

年近七旬的陆军将军站在阵地最前方，仿佛屹立于火海之上：

"父亲，敌军火力太猛，退避一下吧！"此次战役，冯将军带了他的两个儿子一同作战，此刻说话的是年纪稍小的那位。

"怕炮弹还打什么仗？今天是与法国人决一死战的日子，谁临阵脱逃，一律军法处置！"

说罢，振臂一挥，率领士兵们杀入火海。

——王慧宇

朝堂上，群臣愤起直言："区区蛮夷，妄图以鸦片毒害我朝人民，以船舰破我边防！不予以痛击，何以示我朝天威！"

只见海波荡漾，将领士兵勇锐杀敌，横扫千军。

又见外国使臣朝拜，委曲求和，割地、赔款。

然而一切戛然而止，所有画面如烟花尽数消散。躺在床上的身穿黄色上衣的男子睁开眼睛，"原来，只是梦啊……"

——丁文娇

僧格林沁在八里桥的长风中伫立着，火红的披风猎猎作响。

他已经记不清这是他率领八旗军抵抗联军的第几次战斗，但他有预感，这应该是最后一次，于是大笑一声："将士们，杀！"潮水一般的骑兵朝着联军冲去。

但还是败了，欧洲人的炮火轰烂了八旗军的箭、矛、刀和不像样的炮。

"这是历史给我们的又一次教训，这就是'落后就要挨打'！"纪念馆里，讲解员耐心地讲解着。耳畔，仿佛有风猎猎作响。

——孙赫彬

"副官先生，你知道五千年有多长吗？"

"上校大人，我不知道，那太久了，我活不了五千年。"

"副官先生，你知道巴黎离北京有多远吗？"

"上校大人，我听说是近一万两千千米。"

"我的副官先生，这两个问题的答案是一样的。"上校抬起了头，伸出手，理了理身上的军装，“只有半米。”

他狞笑着，一只脚重重地踏进了那金碧辉煌的大殿。

——杨滨玮

桌子两侧坐满了人，一侧西装革履，挺拔而优雅；一侧头戴红色凉帽，冠顶插着翎枝，身穿蟒袍，礼制合宜中透着悲凉。

良久，一位身材高大、胡须稀疏的老人缓缓拿起笔，在条约上签下了他的大名。

如果你仔细观察，便会发现纸上的名字挤在一起虚弱无力、辛酸悲苦，宛如“肃”字。没人猜透老人为何如此运笔下墨，可能因为他是朝廷封的“肃毅伯”？

——刘相磊

“爹，娘，孩儿想参军入伍，杀敌卫国！”

“我的孩呀，你这是去送死啊！”话音刚落，王二家中的老母亲便已涕泪横流。

一旁的老父亲长叹一口气：“老伴儿啊，如今国难当头，今后是什么日子还不知道，与其让儿在家虚晃度日，还不如让他上阵杀敌成全自己。我们不能这么自私啊。”

“可是……”老母亲知道自己是拦不住了，只能一边拭泪一边无奈点头。

王二见二老同意，悲喜交加，强忍泪水向着二老跪下说：“爹，娘，等孩儿回来！”

——捐躯赴国难，视死忽如归，父母尚不顾，何言子与妻？

——桑旦

岸边停靠着一艘初见雏形的帆船，船以石为身，丝绸做帆，白玉为杆，黄金做舵，极尽奢靡。

岸上官员满脸得意的神情：“如此巧夺天工之物，除我大清就没人造得出来了。呐，那把舵得用上好的白玉才行。”

“大人……我们的银两……已经不够了。”

“荒唐！这船是老佛爷六十寿诞的贺礼，怎能误事？明日去调用海军军费给我继续建！”

“可是大人，这船并无作战之力啊……”

1894 年 11 月 7 日，慈禧六十大寿，石船让慈禧满心欢喜，进献石船的官员受到丰厚的赏赐。而与此同时，就在大连，日军已悄然从海岸登陆……

——王世伟

“提督大人，大雨之后，火炮渗水，已无一可用了。”

“琦善怎么说？”

“琦善大人他……只遣了二百官兵支援。”

“哼，无胆匹夫！”关天培踱了踱步子，“全军听令，守住炮台，人在炮台在！”

“大人，您先走，我们守在这！”

“你们当我是懦夫吗？国难当头，我身为提督，自当与全军共存亡！”

道光二十年十二月初十，虎门要塞均被英军攻陷。道光二十一年（1841）二月初六，连同关天培在内的四百名将士全部殉国。

——沙勇杰

房间里，二人临窗而坐，风动微凉。

一人苦笑道："林兄出任钦差，羡煞旁人啊。"

"为民为国，不敢松懈。"

"林兄莫怪我直言，鸦片这个东西，烟贩、洋人趋之若鹜，甚至京中的某些大人也在暗中盯着，想要保全自身怕是只能……睁一只眼闭一只眼啊！"

"侠者何为？侠之大者，为国为民。此番禁烟，势在必行！"

"若……若一去不回？"

沉寂片刻，那人起身走到书桌前，"便一去不回！"

——谷荣达

这里的人们为了我，散尽家财，这里变成了一个混乱的地方！主人漂洋过海把我带到这，真是无趣。

又有一个人向我走来，快来吧，我让你飘然若仙、神志不清。咦？这人怎么跟那些人不同呢？他凶恶地盯着我。事情终于可以有趣些了。

主人鄙夷地看着他，但是，他从口袋里拿出的不是银子，而是一把枪，他杀死了我的主人。真是有趣！

第二天，我被带到了一个叫虎门的地方。我好像被包围在烈火中，因为除了磅礴的军鼓声，我还听到了火把燃烧的声音。

对我来说这也许是一种救赎呢！

——王宇泽

一行士兵不知什么原因又折了回来，不时用刺刀戳向脚边的尸体。远处的地窖里躲着一位母亲和她的女儿。

母亲望着自己年幼的孩子，在她的脸蛋上狠狠亲了一口："桃桃，在这里躲好，不要出来，也不要发出声音。"

“妈妈，你去哪?”

“这里还有个女人。”接下来便是一声枪响。

孩子听到枪声后全然忘了妈妈的叮嘱，号啕大哭，地窖门被撬开，第二声枪声响起了……

——1894年11月，日军在旅顺展开大屠杀，屠杀持续了四天三夜，全城仅八百人幸免于难。

——李盟

“昭王白骨萦蔓草，谁人更扫黄金台。”

又是一杯浊酒见底，黝黑的碗底映出他脸上的刀疤，那是他率兵杀敌的纪念，是勋章。如今朝廷亲小人远忠臣，他怨——怨朝廷昏庸，亦怨自己无能为力。

他有些醉了，向窗外看去，竟看到幼时的自己。他看到自己在湖边立誓:“生当作人杰，死亦为鬼雄。”突然，幼时的自己望向了他，“我是昨日之你，你是今日之我?”

他突然惊醒，放下酒杯，拿起长枪，出门走向了那烽火狼烟之地。

——任庭宇

“长官，前面就是京城了。”

“哈哈，古老的中国也不过如此嘛，不堪一击!”英国首领嘲笑道。

“小李子，我们今天准备到哪歇脚啊?”

“回老佛爷，就在前面了。离开北京的这些日子里，您受罪了。”

“还是我小李子贴心呐。”

“列强无义，皇上年幼，老佛爷您一定保重，咱大清国还得仰仗您呢!”

“唉，愿我爱新觉罗家族躲过这一劫，那些洋人快点离开京城，我们也好回宫，我们大清国可是折腾不起了。”

如血的残阳渐渐沉了下去。

——曹泽羽

1885 年 3 月 14 日，法军已攻占三座堡垒，眼看就要攻破城墙。三军将士军心大乱，皆想逃命，整个军队躁动不安。

在这危急关头，两鬓斑白的老将冯子材登上城墙，在寒风凛冽中大声疾呼：“法军再入关，有何面目见粤民？何以生为？”

“对，我们誓与长墙共存亡！”几位有血性的战士站了出来。

“共存亡！”保家卫国的热情在那一刻被激发，犹如排山倒海之势席卷了军队。

血积砖石，尸横墙垣。长墙不倒，城池未破。

曙光熹微里，冯将军望着长墙，泪痕未干的脸上终于露出了微笑。

——刘乐

1841 年，虎门大角炮台，瞭望台上。

“李狗子，又躲在这吸叶子。”

李狗子笑了笑：“这玩意是个好东西呐，也不知道上面的人怎么想的……”

“嘘！小声点，听到要被……”

“好，好，我会注意的。”李狗子准备离开。

“哦！对了，还有存货不？给我一点。”

“改主意了？”

“张大人不就好这口嘛。说不定我年中就能回家了。”

——袁浩

编辑心语：

中国的近现代史，就其精神实质而言，是我国一代又一代的志士仁人和人民群众为救亡图存和实现中华民族的伟大复兴而英勇斗争、不屈探索的历史。转眼间，小组编辑的时光已悄然接近尾声，我们组所负责编写的内容主要是围绕《中国近现代史纲要》第一章“反对外国侵略的斗争”展开的。

第一章向我们展示了从 1840 年开始，帝国主义对中国的侵略以及近代中国人民反对侵略的斗争，同时也彰显了近代中国人民的民族觉醒和伟大的民族精神。

不忘初心，牢记使命，是习近平总书记一直提倡的精神风尚。小组的编辑过程同时也是我们小组的学习过程，历史是最好的教科书，而大学生是祖国未来各条战线的生力军，是中国特色社会主义事业的接班人和建设者。在编辑的过程中，我们重溯历史，一次次侵略战争，一个个不平等条约，叩击着我们的心灵。寸寸河山寸寸金，更让我们为之动容的是中华儿女掀起的一次次反侵略斗争。近代，中国人民以自己的方式探索着救亡图存。这使侵略者看到了中国人民蕴含的不甘屈服的伟大力量，也让我们小组的成员们看到了东方一头已经觉醒的雄狮，威风凛凛！

第二章
山河破碎狼烟起　民族振兴志气扬

金田起义反昏君，洋务维新已断魂。
辱国丧权黎庶苦，何人只手转乾坤。

——徐再城

〔本章梗概〕

太平天国运动、洋务运动和维新运动是中华民族对出路的早期探索。农民阶级、地主阶级和资产阶级虽然都不可能使中国真正实现民族独立和国家富强，但是这些运动却具有不可磨灭的历史功绩和重大的历史意义。本章采录的微小说，将场景拉回到那个时代，让读者真切地感受农民起义的轰轰烈烈，“自强”“求富”的热情高涨，“戊戌六君子”的壮烈赴死。每一个故事就这样轻轻地走进你的心里，又化作眼泪流出来。

“一碟花生，两大碗酒。”

“得嘞，您二位这边请。”

张三招呼李四坐下，说道：“唉，你听说了没？最近改革派好像要搞什么洋务运动，真是笑死人了。”

“可不，这么地大物博的，不就送了点给那些蛮夷吗？就被吓得跟什么似的。”

“真是真是，这也太丢人了，也不知道那群人怎么想的。”

说着，小二拿了酒来。

“哎哟，酒来了，喝酒喝酒。”

“好，干！”

瓷碗碰撞的尖锐声格外刺耳，像是哀鸣。

——张翰文

深夜，屋外寒风呼啸。书房内，烛火微黄。

一人执笔伏于案前，时而沉思，时而皱眉。良久，他抬头望向窗外，喃喃自语：“变法变法，不钻到血肉里，不深探到经脉怎能维新？而如今，不维新，哪里有希望找到出路？”不知过了多久，一老仆提一火炉推门而入，刚欲开口却又止住了。

人，已靠在椅上就此睡去。

桌上躺着的，是墨迹未干的维新变法的奏书……

——郇行杰

在145年前的某一天，30位懵懂的少年正站成三排，等待着某位大人的训话。那位大人彼时没有想过自己的这一举动到底会带来什么影响，只是在心里隐隐地期待着。

那时，没有一个人想到：以后这30位年轻人中，会有人在彼岸的国家留下自己的铜像，会有人给这个向来认为机械是“奇技淫巧”的国家铺上第一条自主设计并建造的机动的血管，甚至在他们后来的几批人中，有人革了这个帝国的命……

30 位少年当然也不知道，只是这样奔向远方。

——李洋

第一幕（1870 年，全成 28 岁考中进士，接触洋务运动）

“全少爷，可喜可贺呀！”

“小喜大辱，如今国家没落，洋人在中国建厂经商。白花花的银子落入洋人手中。如今政府鼓励官商合办，我打算拿出祖上留下的家产，兴办企业。”

第二幕（24 年后，52 岁的全成不再意气风发）

“老爷，李公公托人带话来，要您在 10 日之内上贡 30 万匹丝绸，用来给老佛爷祝寿。”

“三日前，朝廷派下来的专员刚征收了 20 万两白银。我此刻哪里去变出 30 万匹丝绸？再说如今前线许多士兵连一件麻衣都穿不上，老佛爷过个寿就要这么多丝绸？”

“可那人说‘惹怒了老佛爷诛九族啊’！”

第三幕（全成自缢）

“非天要亡我大清，实乃人祸！实乃人祸啊！”

——全德成

“先生，您看，他们又来了。”书童指了指前方。

一群人游街而过，高呼着：“打倒列强，赶走蛮夷！”

“这些书生们真是有好大的本事。”李鸿章目光紧紧凝视着那群振奋激昂的年轻人，苦笑道：“是拿铁枪打吗？”

书童懵懂而无奈地问道："没别的办法了？"

"或许……"李鸿章停顿了片刻道，"我们学西方的科技！"

他抬起头，一抹残红映入眼帘——那是落日的余晖。

——周顺福

"你说洋鬼子那套有何用？搞了35年，还不是……简直丢了老祖宗的脸面。"

"以后的日子咋办？偌大个中国还不及外寇，哎……"

"谁还会管我们死活，这京城怕是不能再待了……"

"这大清是走到末路了，天要黑了。"

旁桌的一个娃眨巴着眼睛转过脸来："叔叔，你为什么不点一盏灯呢？"

——阳崎

"管家，你拿着这些书稿走吧，去和广厦会合，和他一起走，不要让朝廷抓到你。"

管家收下书稿："老爷，和我一起走吧，不然你会死的。"

"不有行者，无以图将来；不有死者，无以召后起。"

"老爷……"

"我不会走的，各国变法无不从流血而成，今日中国未闻有因变法而流血者，此国之所以不昌也。有之，请自嗣同始。"

"可是……"

"不用再说了，官兵快到了，赶紧走！"

说完，嗣同就转过身去，不再言语。他的背影瘦削得好像一阵风就能把他吹倒，却又似青山巍巍，岿然不移。

——张光发

李鸿章："如今开平矿务局，日产良煤 300 吨，但只依靠牲口、轮船运输，效率低下、成本高昂，实在难与进口洋煤竞争。"

下官："大人，现在洋人的技术我们也掌握了一二，不如修一条铁路？"

李鸿章："难也，那些官员以费银为由头反对，就连百姓也议论破山改道影响风水。"

下官："那……要不然我们用马来拉火车？这样又快，运的货也多，而且也没有坏的影响了！"

李鸿章："唉……"

——李宇航

初春。

望金田流血漂橹。

洪秀全兴叹："若非清廷暴虐，吾等何至于斯？"

……

渐秋。

眺杨府冲天火光。

洪天王嗟叹："若非东王骄横，愚兄何至于斯？"

……

严冬。

顾天京兵临城下。

洪天王愧叹："若非本王狭隘，天军何至于斯？"

——师哲

凉风习习，夏末的夜晚仿佛比冬日更加冷冽。身穿黄衫的男子手握奏表，迟迟没有入睡，像是在等候某种宣判。趾高气扬的宫女走到屋外便停了下来："皇上，传老佛爷的话，请皇上移驾瀛台小住。"

光绪平静地听完懿旨，看着手中的奏表，想着如果真如奏表中那样：撤冗官、废八股、办学堂……他长叹一声，忽而笑出声来："朕果真是个好皇帝，当比昔年汉献帝！"

——张子怡

洪剑笙："老爷，朝廷下令严查维新党人，官兵迟早要来，不如去避避风头吧。"

陆青虹："国将不国，当初我选择维新变法这条路，便已料到如此……"

洪剑笙："别说这不吉利的话，有一日，咱们便快活一日，旁人的事情咱们不理。"

三日后。

打更人："走水了！老爷夫人房里走水了！"

一众清兵望着已成废墟的陆府……

——李鸣雨

梁启超紧闭双眼，思索着友人的问题："那百日你可曾后悔？"

那百日，他与众维新人士公车上书光绪帝，推行维新变法。他要探索一条兴国之路，而这路断在那如同噩梦的一日。

那日，慈禧发动政变，软禁光绪，搜捕维新人士。那日，血染京都，他仓皇逃到日本才躲过一劫。

"后悔吗？"他反问自己。不，不后悔，哪怕付出自己的生命。维新虽败，但他永不后悔。

——吴嘉璇

这是一个特殊的夜晚，是顾贤知在家的最后一个夜晚。夜不能寐的他又开始制作起正在构思的纸船。

贤知母亲："贤知，你怎么还在摆弄小纸船，不睡觉？"

贤知："母亲，我过会儿就睡，明早就要离家留洋学习，很是兴奋，您先去休息吧。"

贤知在船上写了个"国"字，满腔热血的他怎么睡得着，他多么想要帮助国家乘风破浪、扬帆起航……

——王川

自打清政府跟洋人打了败仗后，天津府地界上的洋人就多了起来。

孙七以卖土豆谋生，收摊儿，遇到洋人，看到筐里的东西，嘴里嚷嚷着："坡得豆。"后想来洋人取名儿也怪，突然灵机一动，取木板写下："西洋来货。"

次日一早就出了摊，他扯开了嗓门叫卖，却又无人搭理他，或讥笑，或一瞥，他很是纳闷……

——李鑫

白骨露于野，千里无鸡鸣。生民百遗一，念之断人肠……

烈日下，几人辛苦地耕作着。

"唉，这么卖力干什么，上面人对咱们想怎样就怎样。"

"喂，老洪，你又在偷懒啦！"

洪姓青年坐着，看着天上。

"天人一气理无二，何得君王私自传！"

"你又在瞎想了，这岂是我等考虑的？"

那人看了同伴一眼，目光又回天上。

"昔日陈胜有言'王侯将相，宁有种乎？'今时亦是如此！"

没过多久，一代天王洪秀全横空出世！

——李雨桥

“洪哥，这朝廷，我看不下去了！”

“既然这朝廷没用，那我们就推翻了它。”

洪、杨、萧、冯、韦、石，六个人拜了把子，在金田起了义，建了国，封了王，几兄弟都意气风发，认为胜利唾手可得。

后来，杨居功自傲，不满洪，洪把他杀了，接着洪又杀了韦，石带兵出走，被朝廷剿了。太平天国衰败了，打了许多场败仗，被围在了天京，洪没逃，据城死守，但因为疾病，最终去了真正的天国。

天京失守了，太平军被灭了，天王府前，一片狼藉。

昔日誓言，终成笑话；

昔日意气，终是一场空。

——黄浩

1856年4月的一天，李四跑到张三面前，说道：“张三，张三，这该怎么办啊？”

张三：“噶哈啊，干吗这么急急忙忙的？”

李四：“要是咱再不去找活干就没东西吃了。”

张三：“怕啥，我听说那个太平军马上就要打到我们这来了，等他们打倒了那些土豪，到时候咱们都能有衣穿有饭吃，还用考虑去干活吗？”

李四：“说的真有道理！不干活还能有饭吃，简直就是天大的好事啊！”

几天后，太平军打了过来，然而张三和李四并没有拿到想象中的好处——他们饿死在了街边。

——张昊昀

破旧的庙堂里，将领们站在一起。

“我们是谁?”

“太平天国!”

“我们的敌人是谁?”

将领们的眼中映出了清政府的影子。

在金碧辉煌的大殿上，将领们分席而立。

“我们是谁?”

“东王!”“北王!”“翼王!”

“我们的敌人是谁?”

将领们的眼中映出了彼此的影子。

——夏东晗

甲（20岁）：“李中堂此次剿灭太平天国还在国内建工厂，真是功在千秋啊!”

乙（20岁）：“大清国毕竟是大清国！繁荣昌盛啊!”

甲儿（20岁）：“他这次居然签了《马关条约》，千古罪人。”

乙儿（20岁）：“大清国还是大清国吗?”

甲儿（20岁）：“听说康有为要变法?”

乙儿（20岁）：“要是变不成，大清国还是皇上的吗？要是变成了，大清国还是皇上的吗?”

甲孙（20岁）：“唉……回看当年事，多少遗憾不平啊！我惜李鸿章之才，悲李鸿章之遇啊！要是当年大清自强，要是当时康有为变法成功，还会有今天的军阀混战吗?”

乙孙（20岁）：“大清都亡了，说这些还有什么用?”

——张国庆

这一年，他 20 岁。

“哼，你问我是谁？我是盲举人，正宗的大清朝举人。我这眼睛可是当初太平贼打过来，誓死不从才伤的！现在虽洋蛮势大，我朝洋务已兴，日后必立于世界之巅！”

这一年，他 35 岁。

“哼，你问我是谁？我是盲举人，大清朝举人。什么？你看不起大清朝？现今洋务虽废，但变法已兴，假以时日，万国来朝亦是可见。”

这一年，他 65 岁。

“哼，你问我是谁？我……唉，叫我老瞎子就好了……”

——张晨虎

洋务运动开展 20 多年后，洋务官员感慨：“咱们大清朝终于有了自己的军工企业了，我们的北洋水师也是兵强马壮啊。”

下属说：“大人，咱们水师的军舰又该从国外买一批换新了，这几千万两银子该从哪来呢？”

官员沉默。

另一下属说：“大人，咱们制造总局的设备也该从国外买一批了，这几百万两银子该从哪来呢？”

官员眉头紧皱。

——熊志

“相公，你可一定要平安归来啊！”年轻的妻子泪眼婆娑。

“别怕，我这是随太平军打仗，如今形势大好，天王说了，等我们赢了就会有田同耕，有饭同食，有衣同穿，有钱同使，无处不均匀，无人不饱暖。咱们的好日子就要来了！”年轻的丈夫一腔热血。

军队众志成城，一路北上，冲破清军的一道道防线，一直打到南京，定都于此，改名为天京。天王颁布了一整套的政策、规章制度。

可，朱门依旧酒肉臭，路旁仍有冻死骨。

——杨喆

戊戌年间某日，漆黑的夜空下，吹过一缕带着些许血腥气味的风，随风飘过的是一张崭新的告示。他停下脚步抬手接住，纸上赫然印着六个神态自若、坚毅果决的男子的画像，“啪嗒”一声，泪顺着脸颊滑落到纸上。他自言自语地说道：“失败了，终究还是失败了。”

不知多久之后，他迈着沉重的步伐，拖着疲惫不堪的身体，转身，又浸入这如死一般沉寂的夜里。是啊，黑夜过后迎来的是黎明，可是这一夜过后迎来的是无尽的黑暗还是不可预料的光明，他也不知道……

——柯欣林

一日，洪秀全在起义途中，路人问道：“何为太平天国？”

洪秀全答曰：“有田共耕，有饭同食，有衣同穿，有钱同使，无处不均匀，无人不饱暖。”

又有人问道：“以何为之？”

答曰：“以攫得衣物散给贫者……谓将来概免赋税三年；宜令作工，以受所值。”

又有人问道：“何为太平军？”

答曰：“纪律严明，反对清廷统治，使之受群众欢迎与拥护。”

众人听罢，皆高呼：“天王英明！”

苏州城外，清军山字营已围城三个月，城破只在须臾。

清军大将赵二虎进城劝降，他的劝降对象——太平天国慕王却提出一个莫名其妙的要求。

“……你说什么？”

“我要将军，同我比一场剑。”慕王重复一遍，平和，却坚定。

击剑声铿锵，两人你来我往，不分上下。忽然，慕王的剑招中出现明显的破绽，赵将军的剑快过思维，刹那间已将慕王捅了个对穿！鲜血四溅，慕王踉跄着倒了下去，脸上，却挂起一丝笑意。

“我不死……苏州城这个……这个大牢里的人，就出不去……求将军……让士兵……都回家务农，别……别羞辱城里的……百姓……”

——王文宇

“娘，你看她，小脚走路，真好玩！”

“不许这么说别人。”

这种对话已经成了5岁阿福的日常，她蹦蹦跳跳，活泼可爱，得意地笑着前面的小脚妇女。

可是，几个月过去，人们再也看不到阿福的身影。

好奇的人儿往阿福家中一探，只见阿福双脚缠布，不似先前的活泼。

终于，阿福也成了小脚走路的人。

——刘晓炜

深夜。

牢房的门上传来轻轻的叩击声，“大人可还醒着？”

牢内之人一惊，低声道：“你是？”

“小人乃此地狱卒，知大人明日赴刑。久闻大人高义，小人实属不忍，前来搭救。”

“实不相瞒，我不愿走。”

“这是为何？”

牢内之人坦然道：“各国变法无不从流血而成，今日中国未闻有因变法而流血者，此国之所以不昌也。有之，请从嗣同始。”

牢外之声哽咽：“大人实乃侠义心肠，为国之前程置性命于不顾。不知大人可有事吩咐，小人必尽力为之。”

大人沉吟片刻：“好，帮我拿纸笔来。”

数日后，一首诗在京城中传开：“望门投止思张俭，忍死须臾待杜根。我自横刀向天笑，去留肝胆两昆仑。”

——应岳

1853 年，老人的大儿子入了军，立下功劳。消息传到村里，左邻右舍都来道贺，都说他生了个好儿子，为天下农民冲锋陷阵，光耀门楣。老人高兴了一整晚。

1865 年，老人卧病在床，二儿子在，三儿子也在，唯独少了那个曾跟随洪秀全在战场上立下战功的大儿子。老人难过，难过儿子不在身旁。老人自豪，自豪自己的儿子英勇忠贞。

老人临死前终于想明白：他谁也不能怪，他只能怨恨这个糟糕透顶的年代。

——刘增

1898 年 9 月 28 日。小乞丐如常乞讨于东大街，忽觉西市场人声鼎沸，与平时大不一样，“有人要被砍头了!”小乞丐雀跃，毕竟这种事十分难得，能给他无聊痛苦的乞讨生活带来些许新鲜感。

西市场，麻木的看客早已围得水泄不通，小乞丐仗着自己身子小，硬是把脑袋挤到前面，要看个究竟，却只听到“快哉！快哉!”看到六具无头尸体。“唏，晦气!”小乞丐意犹未尽地摇摇头。

紫禁城内，锦衣的皇帝早已哭成泪人。

——徐海涛

1877年，福州码头。

“世昌，给你留个纪念吧。此去西洋，深知中国自强之计，舍此无可他求，背负国家之未来，求洋人之科学，赴七万里长途，别祖国父母之邦，奋然无悔。”

“步蟾，千万保重，不可让那些西洋人瞧不起咱中国人，我等你们学成归国。”

中国的希望之火，在少年人青涩的嗓音中燃起。

——刘翔东

北洋定远舰管带刘步蟾焦急地走来走去，这几天手下人不断报告，一会说弹药储备不足，一会说舰船内某处损坏急需银子维修，海军衙门却迟迟不拨款下来。

旁边的副官凑到他面前：“听说李鸿章大人已多次向户部要银，但朝廷就是不给，我们只能靠自己了。”

“你有什么好办法?”副官左右瞟了两眼，见没人就小声说道，“现在天津码头每天都有商家需要运货，我们可以……”

不久，傍晚便能隐隐约约看见一艘军舰停靠港口，下面一群人在不停地忙碌着……

——贾鹏飞

甲：“你听说过前日在京城发生的惨案吗？好几个人被处死，好像是什么维新党的人。”

乙：“当然听说了啊，这老佛爷杀鸡儆猴，像生怕别人不知道，昭告天下似的……”

甲：“唉，可惜了这些年轻人，正该是年轻有为的时候，非要走什么歪门邪道，搞什么维新变法，结果呢？还不是把自己搭进去了……”

乙："话也不能这么说，变则通，通则达，不改变，如何进步啊？"

甲："哎，你怎么这么说呢？你也是维新派的？"

乙："莫提，莫提，我什么都没说。"

甲："这话也就咱俩之间聊聊了，出去可千万不能提啊，不然……"

——杨超

夜间，窗外电闪雷鸣，风雨大作，扰得人心神难安。

此时，一间简陋的书房里，烛火晃动，仿佛是在呼应主人家内心的踌躇。变法前路难测，自己如何能放心得下家中妻儿……

可如今国家面临绝境，国不宁则家难安，唯有维新变法，革除积弊，方能救国……

家是最小国，国是千万家。有国才有家，无国谈何家。风停雨息，他毅然走出家门。

——刘格格

亥时，皇宫深处，一间略显荒凉的偏殿之中。

"为避老佛爷眼线，朕只好在此处秘密召见你们。"

"听闻诸位爱卿的维新主张，朕亦有所悟，只可惜……"

垂头站立的几人之首康有为向前一步："臣知皇上之难处，但变法不得不为，不然大清必亡啊！"

"皇上！兴我大清！"众人跪地齐呼。

光绪眼见此幕，眼里似少了一份怯懦，多了一丝坚定。

——百日维新，虽仅有百日，半途夭亡，却是中华民族，对自身痼疾落下的第一刀。

——马雯浩

官员甲："近来百姓不安，洋人扰局，实在是残败之象。"

官员乙："奈何，盛世已衰。"

官员丙："洋人兴，则在于经济、技艺和军事，当以效仿，建工厂企业，训新式军队。"

官员丁："当是以改进学堂，以养青年大志。"

官员甲："俱矣，当如是，怎能不强？我大清盛世必将重现于世！哈哈！"

官员们壮志凌云，踌躇满志，谈至兴起，以酒助兴。

酒足饭饱人生尽欢，至于图强变法？唉，不值一提，不便再提……

——印体健

1874 年，福州船政局。

"孙大人！朝廷每年给你们 60 万两经费，你们就是这样回报大清的？"刘大人指着一旁的大船怒斥道。

孙大人笑着拱手道："不敢。刘大人受左大人之命来视察，想必舟车劳顿。孙某人已备下薄酒，给刘大人接风洗尘。"

听此言，刘大人瞬间换了面孔，也不枉他装模作样，和颜悦色道："那就恭敬不如从命了。"

一月后，孙大人因造船有功，官升三级。

——孙银波

轮船缓缓驶出港口，一个年轻人站在甲板上，凝望着渐渐消失的陆地。轮船的目的地是遥远的日本，一个曾经弱小却一举击败过大清的国家。年轻人决定去日本留学，寻找能让国家兴旺富强的方法。

年轻人手里拿着一份报纸，上面刊登着谭嗣同等人被杀害的消息。他也曾像其他人一样，希望能通过改良的方式来救国图存，但现在，他不这么想了。

突然，年轻人撕碎了报纸，望着陆地的方向，狠狠地说道：“治不好你的病，我就要了你的命！”

——丁鹏

他是县里的主簿。

戊戌年间，听说上面要变法，他便和维新人士走得很近。

变法失败，朝廷正搜捕维新人士。他笑了，立即书信一封呈至府衙。

三天后，他成了县令。

当晚，他和妻子起了争执。

“你怎么能这样做？”

“我这，也是……”

次日，他死了，妻子也没了踪迹。事后，有人在井边捡到他妻子的发簪。

——黄世彪

孩童时期，我便跟着母亲一起送父亲出远门。听母亲说，父亲是去参加太平军，给农民打天下去了。可是，父亲却再也没回来。

后来，我长大了，逐渐明白父亲远行的意义，就前去参加了北洋海军的招募。甲午战争前夕，我给家中寄去 20 年间的第一封家书，却也成了一封遗书。

海波之上，炮火之中，我仿佛看到 3 年不见的父亲，看见他、我，乃至每一个乱世离人的心愿。

——有尊严地活下去。

死前，我望着太阳，笑着闭上眼睛。

——舒佳

“报，将军！清军已将我们包围了。”

“副将，带上所有的兄弟，跟我一起杀出去！”

“杀呀！”

战场上，枪声四起。

“呃……”副将在炮火中倒下。

他 17 岁那年，跟随太平军反抗清帝，如今已有十载。

闭上双眼之前，他脑里闪现的情景却是在家中……好想再与妻儿同坐在屋檐下吃饭，好想再给年迈的母亲捶捶背，再逗弄邻家的大黄狗……

副将带着遗憾，在炮火声中缓缓闭上了眼。

——包雨亭

孩子：

母亲这辈子最遗憾的事，就是没有将你抚养成人，教你读书识字、知人办事，其实这些美好的场景我都想象过无数次，却只能停留在想象中。

导致这一切的原因全在母亲。因为我选择了牺牲，加入抗击列强的斗争。对不起，你的一生还很长，只可惜不再有我的身影。

我最亲爱的孩子啊！你的生命中即使没有母亲的千言万语，也要顽强地长大成人。同时希望你记得母亲是为国家而战斗，相信聪明的你会继续战斗，替母亲完成心愿！

相信，我不会后悔，你也不会让我后悔。

母亲留

——李懿

1856 年 6 月的某日。

“天王！东王‘天父下凡’，召天王去东王府。”

东王："天王啊，你与东王皆为我子，东王有莫大功劳，何止称九千岁？"

洪秀全笑着说："东王打江山，亦当是万岁。"

"那东世子岂止千岁啊？"

洪秀全说："东王既称万岁，世子亦当是万岁，且世代皆万岁。"

"哈哈哈，天王讲得甚是，我，归矣。"

"天父慢走。"

"唉。"望着"天父"远去的背影，洪秀全心里似悬起一块巨石。

同年9月，北王与燕王会合，众军在凌晨突袭东王府，东王被杀，东王府内数千男女一同被杀。

——孟宪爽

编辑心语：

时光荏苒，我们的编辑工作也已经接近尾声。这段经历虽然短暂，却让我们有了一种新的体验，给我们留下了深刻的印象。

我们主要负责的是第二章的微小说内容，第二章主要讲述"对国家出路的早期探索"，围绕这一主题，结合太平天国农民战争、洋务运动、维新运动的有关内容，对创作的微小说进行文字修改、审核等工作。随着此次文字编辑工作的进行，我们得以全方位地了解这段历史，感受到中国人对国家出路早期探索的艰辛与不易。中国人民不断摸索，试图找到一条能够让中国站起来、让中国人民站起来的道路，哪怕不断失败，但仍顽强努力着。

此外，在此次完成文字编辑工作的过程中，小组成员之间分工明确，互相请教，尽心尽职完成自己的工作任务，认真审核微小说主题、内容、用词甚至标点符号，反复斟酌，尽力呈献出一篇篇优秀的微小说。在这短短的时间里，大家共同完成微小说的文字编辑工作，也是对自己的肯定。我们锻炼了能力，收获了友情，感悟到团队合作的重要性。很幸运能够完成这一份工作，更幸运能够通过这份工作认识大家。

未来，希望我们不忘初心，砥砺前行。

第三章
崛起民魂惊玉宇　推翻帝制启新元

一代英雄奏凯歌，推翻帝制改山河。
清浊继起狂涛涌，史册昭彰列旧窠。

——刘松林

〔本章梗概〕

20 世纪初，以孙中山为代表的革命派在中国掀起了一场资产阶级革命运动——辛亥革命。这场革命推翻了清王朝，建立了中华民国，它是中国人民争取民族独立、振兴中华深切意愿的集中反映，是中国人民前赴后继、顽强斗争精神的集中体现。本章采录的微小说，展现的是仁人志士为了建立资产阶级共和国的悲壮史诗，表达了对革命果实被窃取的惋惜之情。成功从来都不是一蹴而就的，而是无数失败的尝试和奠基。

1911 年 10 月 10 日晚。

“起来！拿枪跟我走!”实在撑不住睡着的我被五哥叫醒，迷迷糊糊，我紧紧地攥着那支枪，压低身体。

通往军械库的道路，我们很熟悉了，远远地，有枪声传来。

黑暗中，子弹的火线特别明显，它们飞向曾经高高在上不可一世的军官，飞向仿佛永远不会终结的旧时代。

天亮了。

1911 年 10 月 11 日，枪声渐稀，总督出逃。

听说，我们那晚的行动被叫作“武昌起义”，或者是——“辛亥革命”。

——刘襄萍

1911 年，辛亥革命时期。

一位 80 岁高龄的老人走在街上，正碰上革命军在义务帮百姓剪辫子。

“老人家，新时代就要来临了，辫子剪了吧。”

“好……”

老人接过陪了自己一生的花白辫子，眼中满含泪水。

原本以为自己这一生动荡，人生这最后一段光景，应该不会再经历沧桑了吧。

老人扔掉了手中的辫子，步履蹒跚地向前走去。

——王雪

“老哥，您这咋还自己种上地了?”

“咳，万岁爷退位，铁杆庄稼倒了，我又没什么财路，种种地吧。”

“您也别急，咱大总统不是说，这世道要改良吗?”

“改良改良，越改越凉！冰凉……”

……

“老哥啊，袁总统坐了龙廷了。”

“啊，这闹得，我辫子都剪了……”

——王翼猛

“载之身心交瘁，四处奔波，吾见之甚是担忧，值否?”

“慕贞，汝可想过革命所为何事? 前线赴死易，唤醒生者难啊!”

卢慕贞眼含泪水，目光似有千般不舍，又似有些决绝和信念坚定，她轻轻拍了拍孙中山的肩膀，一句“我信你”早已胜过了千言万语。

……

谁终将声震人间，必长久深自缄默；

谁终将点燃闪电，必长久如云漂泊。

——金雨姝

众人都知道，桃源村有个疯老头。疯时，他碰到人就问：“我错了吗?”醒时，他喜欢拉着孩子们讲他的过去。

他曾是大家公子，留洋归来，只为实现心中梦想；他和有志之士四处奔走，誓为三民主义贡献终生。

在他以为迎来曙光之时，一切又陷入了黑暗。军阀混战，民不聊生，一生努力付之东流。

最终，年迈归隐，此生再也不问政事。

——臧荫楠

光绪三十一年，大清王朝已经过两百多年历史，20 世纪初期已经处在风雨飘摇中。

“啊……”

“老师，我输了。”

年轻人看了棋盘很久，最后还是放弃了。

“知道为什么会输吗？”

“知道，是我棋力不济。”

老人轻轻一笑：“你输是因为你没有争胜之心，只想着怎么守护自己的地盘，而没有早早地布局，就像当今清廷一样。就算遇到比你棋力更差的对手，也不可能获胜。”

“是，老师。”

年轻人只是答应，也只能是答应。

——肖波

他们，一个清军将领，一个革命义士。

“为了中国的未来，你若再阻拦我，我必在此除掉你。”

“呸！你这犯上作乱的反贼！今天，我就要在此为大清除害！”

一阵打斗过后……

“杀了我吧。”

“不，我不会对你下手的。”

“你还是这么天真！我现在是你的敌人！我已知晓你们的一切计划，不杀我的后果你很清楚！”

“你当真执迷不悟到如此地步？”

“我为国家而死，死而无憾！”

他沉默片刻后，慢慢举起了手中的刀。

“父亲，恕孩儿不孝！”

言毕，血花四溅。

——徐海

1911 年 10 月 10 日晚，武昌城的一角炮火连天，烽烟四起。

这时，在城另一侧的清军军营中，士兵："大人，有乱党在城中作乱。"

军官："弟兄们，随我一起保卫武昌城，不能让它落到乱党的手中。"

士兵说："可是长官，我们的枪支还在库房里，需要您的批准才能取到。"

军官："那你们去取枪吧，出了事情我负责。"

取到枪后……

士兵："兄弟们，清政府丧权辱国，腐败无能，我们受够了，起义吧！"

辛亥革命的火苗，就这样从一个营烧到另一个营，渐渐地，烧遍了整个武昌城，烧遍了整个旧中国。

——张晨

《民报》创刊后。

"你怎么看？"

"革命不免于杀人流血固矣，然不革命则杀人流血之祸，可以免乎？"

"你们读书人就是婉转，要我说，还不是那帮保皇派胆子小。"

1911 年 10 月 10 日夜，武昌，一声枪响打破了夜的寂静。

2 个多月后，孙中山在南京宣誓就任中华民国临时大总统。

——张宇静

在雨水的冲刷下，有些东西正在滋生，有些东西正在腐朽。

昏暗的房间中，多位要员围坐在桌旁。

"接连赔款，国库空虚啊。"

"加税！我大清子民，当有责任分担国之危机。"

8 年后，昏暗的屋子崩塌，敞亮的房间内，数人正谈论着民族、民权、民生。

——府庆煜

武昌起义引发了剪辫子风波。

“王二，你听说没？不剪辫子的不给通行呢。现在自愿剪辫子送一碗肉面呢！”

“荒唐！身体发肤受之父母，我王某人宁愿死也不愿剪辫子！”王二拂袖离去。

几日后，“张三你听说没，王二死了，说是不愿剪辫子自杀的！”

张三叹气，想起被偷偷藏在床底的辫子。

——顾孟雪

“嘿，张三，你知道吗？前几天有一群人造反，想要活捉总督张大人。”

“怎么能不知道？只可惜最后还是寡不敌众，不知道死了多少人。唉，最可怜的是他们的尸体到现在还躺在路边，风吹日晒，都生虫发臭了。死了都不能安息，可惜啊！”

又过了几日，张三趁着夜晚，带人收集烈士们的尸体细心安葬。

第二天，人们发现尸体不见了。

惊恐之余，又欣喜暗生。

——卞森

1915 年 12 月 31 日晚 11 点，北京袁府。

“今年的冬天似乎格外冷。”

袁项城来回踱步着，拿起了桌上的杯子，抿了一口发现是凉的，又放下。

“明天就是我继任大总统的日子，说起来还得感谢逸仙那个家伙，可笑的是国会那几个软蛋，几个军警流氓就吓得他们屁滚尿流，乖乖地就把票投给了我。哈哈，没想到我袁某人也有坐上龙椅的这一天。”

想着想着，袁项城便迷迷糊糊睡着了。睡梦中，袁项城看到自己登基时的场景，看到梦寐以求的龙椅。

窗外，洪宪元年的太阳逐渐升起，大地却没有一丝暖意。

——孙赫彬

1912 年中华民国临时政府在南京成立，临时大总统孙中山颁布剪辫通令，致电全国：“令到之日，限二十日一律剪除净尽。”

次日，张三、李四于理发店内等待理发。

张三：“留了这么多年的辫子，如今要剪掉，这可如何是好？”

李四：“剪辫是革命者与清王朝决裂的第一步，我们不能留辫以贻国耻。”

张三：“身体发肤受之父母，如今剃掉，岂不是愧对父母、愧对祖宗？”

“如今大清已亡，新的民国政府已经成立，剪辫是推翻封建社会的标志，是我们参与革命的象征。”

理发师手起剪落，发辫落地，却不知旧思想能否随之而落？

——皮永驰

“把这辫子给剪了吧，还留着作甚？”穿着军装的年轻男子对身旁的老人说道。

老人苦笑道：“你又知道什么？”

“如此乱世，岂容得下你这食古不化的老头？乱世唯有革命！”

老人抬头看了眼年轻人，笑道：“革命？呵呵……”

“哼，等我们革命成功，看你还有什么话说。”年轻人说完这句话便转身离去。

老人沉默不语，站了会儿也转身走开了。

5 年后。

一位短发老人无神地望着北方，喃喃道：“革命也结束喽，你小子也该放心走了，我这老头也该走喽。”说完，老人便起身走出家门，小屋里，只留一地寂寥斜阳。

之后，村里的人再也没有见过老人和他的儿子。

——李天瑞

远处，军舰烟囱冒着的黑烟黑溜溜地拉成了一条线，越来越近，越来越近。

看着不远处的米字旗军舰，小张不禁向旁边的王大爷问道：“大爷，你说这列强又要来抢劫了吗？为什么他们老是在长江上来来去去的，我都不敢去捕鱼了。”

王大爷深吸了口水烟筒，皱着眉头说道：“小张啊，你没看到上面有军阀的人吗？最近我听说袁世凯想当大总统，我想这些洋人是来给袁世凯助威的吧。有洋人帮忙，袁世凯还有那么多洋枪，我觉得孙先生不是他的对手啊。小张啊，这天又要变了啊！”

小张咕噜道：“我还是希望孙先生继续当大总统啊。”

“小张，快下雨了，我先回去啦。”

——施鹏

“哥，再这样下去，我们非得饿死不可。”

“都怪那清政府，收那么多税，还让不让人活了？”

“哥，要不，我们起义吧。听闻孙中山正在搞革命，我们去投奔他。”

“那很有可能是一条死路啊！”

“难道我们现在就有活路了吗？”

“唉……横竖都是死，走！还不如死在轰轰烈烈的革命道路上！”

——唐俊明

武昌起义，革命军兴。清王朝上下，都把力挽狂澜的希望寄托于袁世凯一人身上。

亲信：“大帅，清王朝重新起用你，企图十分明显，不过是想利用北洋新军镇压此次武装起义。”

袁世凯：“我又何尝不知？清王朝的倾覆不可避免。我要的也只是军政大权。至于孙中山等乱党，最后也难成气候。”

亲信：“此次起义人数太多，恐难以应付。”

袁世凯：“他们虽小有名堂，但实力远不及我们，不足为惧。只要善于把握时机，天下早晚有一天会是我的。”

……

随着时局的变化，袁世凯最终跌落云端。

袁世凯：“天下是天下人的，当然也有我的一隅……”

——蔡红蓉

广州起义前的凌晨，黄兴正在部署作战计划。林觉民推门而入。

“先生，广州城……恐怕会血流成河。”

“是呀，但我们是革命，流血是必然的，现在的中国需要的就是我们革命党人的热血！”

林觉民若有所思，他看向窗外，“先生，您看！太阳快出来了！”

“对，这轮朝阳，就是明天的中国！”

——李强

“我们在为世上最美好的事业奋斗！”几个月前，他热血沸腾。

最美好的事业，他心想，之后如果还能在新政府中谋个一官半职，就是他这样的小百姓能想到的最美好的生活了。

“午时已到！”

“啪！”监斩官的令牌落了地。

“如果能让我回家安稳地种地，那就是这世上最美好的事了……”他想。

“我们是在为最美好的事业奋斗……”

——张立泽

“大总统，真的要剪吗？”蔡助理落剪之前还是举棋不定。

“留着这个辫子，我是大清朝的内阁总理；剪掉这个辫子，我就是中华民国临时大总统！”

“咔嚓”一声下去，曾经在朝廷中权尊势重的老臣俨然一派民主先进革命者的模样。

旁人立刻凑上前，耸肩谄笑道：“真可谓一元复始，万象更新啊！”

——赵嘉荣

武昌起义迫在眉睫，老孙辗转反侧，生怕出什么差错。家里还有老婆、孩子，两个老人还需要人伺候，万一明天出个什么差错，他们……

但是，他转念一想，如今清政府已经病入膏肓，一场革命是在所难免的，只有这样我们的生活才可能出现转机。等孩子长大了，就可以骄傲地告诉他，他的父亲是一个革命的先驱者，为革命奉献了自己的生命……

不知过了多久，老孙的呼吸渐缓。也是，已不剩多少时间好好休息了！

——潘秋媛

“皇帝坐了龙廷？”阿大摸着刚被剪掉辫子的脑袋，惊恐地问道。

“听二爷说，皇帝坐了龙廷！”阿二紧张地答道。

“都怪你，非要进城，被那什么革命党剪了辫子。皇帝要辫子，这可怎么办啊！”阿大嫂抱着女儿六斤哭骂着。

过了十多日。

阿大从城内回家道：“皇帝好像不坐龙廷了。二爷，二爷又把辫子盘在头顶了，没有穿长衫。”

阿大嫂惊喜地问道：“不坐龙廷了？不坐了罢？我去告诉阿二他们家！”

阿大嫂带着新近裹脚的六斤，赶忙跑去阿二家……

——谷荣达

“我们几次革命都失败了，这次定要好好筹划，哪怕时间多些，也要稳妥起事！”

窗外，是久久不散的乌云。

“中国危在旦夕，封建帝制便像这乌云，已让人民尝尽了黑暗的滋味。”

“前几次失败，我们已经失去了不少仁人志士，这次若……若还不成功，当如何是好啊？”

“我们既然是革命者，就应当仗剑而起！若依然犹豫，如何救国！”

——张天旭

几个好友在房中展开了一场争论。

“你们说，中国现在的局势该怎么办？”

“实行君主立宪制，这才是中国当前唯一的出路啊！清政府是帝国主义的鹰犬，中国现在必须革命！”

“革命，要杀人流血，这会让我们损失惨重的！”

“革命固有牺牲，但是不进行革命难道要容忍清王朝的统治吗？革命虽不免流血，但可以救世救人，这才是治疗社会的唯一捷径啊！”

——冯心怡

先生行至海边，正欲蹈海，一渔人阻之。

渔人问：“先生何故如此？”

先生道：“正欲报国！”

渔人泣道：“先生之书，广为传唱，其间血泪之语，愚钝类吾，亦备受感触。先生若死，何以继之，不若守得残躯，竭尽所能，定生无数义士蹈行！”

先生道：“天下义士何其多哉，顾力未共使尔。然则吾之蹈海，非以失意，盖吾欲震中华。诚然余少有文采，然非兴国之才，欲以吾之死，引仁人归国，义士愤起，智者出世！吾心大慰！”

言毕，先生纵身而下。

江寒夜肃，明月空照，沧浪之水踏挽歌。

——沙勇杰

妻子：“你一定要去吗？此行凶多吉少，万一……”

革命者：“为了我们民族的未来，为了生活在水深火热中的百姓，即便是死，我也一定要去！”

妻子：“若起义失败了呢？若你再也回不来了呢？”

革命者：“我们倒下了，还会有千千万万的人再站起来，革命总会有胜利的那一天。”

……

起义终究还是失败了。

6个月后，孙中山领导的辛亥革命取得胜利。妻子望向丈夫的灵位，含泪说道："革命胜利了，你的愿望终于实现了。"

——陈五月

哥哥很傻，坚信着这黑暗的夜总会迎来黎明，所以带着我加入了起义大军。可黎明还未到来，他却已经闭上双眼，永远地沉睡在了黄花岗。

同一年的 10 月，我替他打响了枪；同一年的 12 月，我替他扛起了旗；第二年的 2 月，我替他见证了黎明的来临。

有句话我一直想对哥哥说：其实黎明会来，我一直都相信。

——周心怡

白围棋子："头可断，辫子决不可断。如今的生活并无什么不好！"

黑围棋子学成归来，高喊："驱除鞑虏，恢复中华，创立民国，平均地权！"却见白围棋子萎靡在墙角。

黑围棋子向白围棋子走去，说道："不要低迷，民族复兴的道路我们一同探索！"

微小说背景延伸：

1911 年辛亥革命爆发之时，中国围棋正延续着长期以来的低迷，一个"中量级"日本职业选手来华，便可轻易战胜当时中国的一众顶尖围棋高手。但，近一百年来，中国围棋事业由衰转盛。

国运兴，围棋兴。

辛亥百年，围棋见证中国百年奋起。

——郗金

"恭喜袁将军，终于坐到这龙椅上了，可中华民国成立了，将军也不能当皇帝了，唉！"

“中华民国是成立了，实则外强中干，只要我们联合各个军阀，用军队将他们困住，他们就不得不听我们的了，这样我就能统治中国了。名义上是总统，事实上不也就是皇帝吗？到那时，你们就是开国功臣！”

众人的眼睛亮起来，荧荧地闪着野兽般贪婪的光。

——马汝杰

“唉，情况很是危急呀！”

“事已至此，起义计划一定被官府得知了。没办法，必须立即起事，方能力挽狂澜。”

蒋总指挥在屋中烦躁地踱着步，眉间锁成一道川字：“让我再考虑考虑！”

“官府已经抓到我们的人，一旦招供，我们便没有任何机密，只能坐以待毙，等待官府抓人。”

邓君定定地直视蒋总指挥，眼神冷峻：“身为总司令，而今事态迫切如此，人人危在旦夕，你却还在犹豫不决，你怕死了吗？”

“什么？你们以为我怕死？我蒋某人什么时候怕过死，怕死我还革命，大好头颅，同拼一掷，今夜就起事！”

“大好头颅，同拼一掷，今夜就起事！”

——朱则霖

恩铭举手示意随从退，见顾松急步趋前，神色有异，意欲告密。

徐锡麟见事态紧急，急步上前，将花名册呈上，边呈边说：“回大帅，今有革命党起事！此乃行动暗号。”

恩铭愕然，问：“徐会办何出此言？”

言未了，陈伯平上前猛掷一炸弹，然炸弹未响。恩铭见状，急忙惊起，夺路而走。徐锡麟说：“大帅勿惊，此革命党，卑职必为大帅拿到。”

恩铭说："速拿来。"

徐锡麟答着，于靴内拔出手枪，恩铭惊问："会办要吾验枪？"

其语未了，一声枪响，恩铭中弹受伤。

——刘杰明

清晨的阳光照进一座破旧的四合院。

仆人着急，言："老爷，我有一事要报！"

老爷怒言："什么？你叫我什么？你得叫我先生，现在流行叫先生。算了，看你大字不识几个，饶了你这次，有何事快说。"

仆人笑道："先生，许多人要理发，我们要赚大钱了，但人手不足。"

老爷开怀大笑："加添人手。"

无数辫子从人们的头上落下。

从此，寸头流行起来。

——李聪

"先生，我们没有兵权，袁世凯要当大总统，怎么办？"

"世道不济，只好让位……"

"可是您咽得下这口气吗？"

"我们推翻了腐朽的清政府，已经做了我们能做的了。"

"先生，不行……"

话未说完，被先生打断，"……不要说了"！

一片沉寂。

——袁冬浩

"皇上，听说民间又在闹振兴华夏呢！"

"呵，如何振兴华夏，用得着他们操心？算了，由他们闹去吧。"

“可是皇上，听说他们闹着是要推翻我们大清。”

“推翻大清？来人，发兵！给朕把这些人，不，这些造反的刁民统统剿灭！”

——程卓冉

“你这是要去哪儿?”妻子拦住匆忙出门的丈夫。

“赵尔丰逮捕了蒲、罗等保路同志会的领袖，身为同志会一员，我不能坐视不管。”

“别去！赵屠户心狠手辣!”

“川汉铁路完了！四川完了，中国也完了！不能不去……你放心，他不敢对手无寸铁的老百姓动手的。”

妻子沉默不语。

……

妻子跪倒在丈夫的尸体旁边，没有号啕大哭，只有死一般的悲寂……

终于，她开口了——“我明白了。”

……

在之后激烈的革命运动中，有了更多新的身影……

——杨杰

天色渐晚，阴云密布，黑夜的雨拦住了行人的去路。

清华学堂内，有人在说话：“吴同学快收拾东西吧，学校已经遣散我们了，每人二十大洋呢!”

可这位吴同学却伏案静思：“国家兴亡，匹夫有责，我校已有学生随革命浪潮一起南下，我何不同他们一道?”

他拍案即起。

翌日，天光晴朗，吴宓背起行囊，慷慨上路。

——樊文岳

光绪三十一年。一个叫孙文的人建立了一个叫“同盟会”的反叛组织，宣传什么“三民主义”，朝廷视其为乱党。作为一个皇上的好子民，我怎么会听他们的胡话？

宣统三年，武昌。外面喊杀声震天，朝廷与革命党在外面打仗。我不知如何是好，在家里什么都不管吧……

中华民国五年，总统袁世凯竟然称帝！就连我这老百姓都知道要求民主。我会坚决反对你这个卖国贼的！

——徐秉刚

黎明前，民族、民权、民生，三个兄弟在商量着一件大事……

民族：“清政府那腐朽的老家伙真是丢尽我们中华的脸面了，愚昧无知，苟且偷生，欺压百姓，民不聊生，是时候结束这一切了，我们要驱除鞑虏，恢复中华，迎接新的世界！”

民权：“嗯，是啊，我们要创立民国，灭了那老家伙的根基，建立新的制度。”

民生：“我们还要平均地权，让国家富强起来，同时要缩小贫富差距，避免新的社会危机。”

……

三兄弟齐声道：“好，让我们带领大军去拿下清政府！”

——赵玲玲

戊戌变法失败后，谭嗣同被斩。其学生张恩格逃脱，遇张之洞之女张翠莲，两人一拍即合。

恩格暗地宣传新思想，奈何政府打压不断，恩格决定东渡，张用毕生积蓄助恩格往东洋，恩格曰："不负乃。"遂扬帆而去。

恩格于东洋偶遇孙中山，经努力，建同盟会。辛亥年间，同盟会大举反攻，清灭，建中华民国临时政府。

然恩格被暗害，张未见恩格，常东望，化望恩石，立于北京街头。

——罗行

"司令，您快走！再不走就来不及了！"

"不，我不走，广州起义不成功，我黄兴愿为革命而死！"

"司令！黄司令！"士兵眼里含着泪花。

"我们还有多少人？"

"不到十人了。"

"好，同志们，你们都是好样的，我黄兴愿与你们一同赴死！"

说完，拔出手枪准备往前冲，但不如他所愿，走了两步，终是栽倒在地。

"对不起了，司令！"

士兵含着泪背着黄兴撤出广州城。

——吴宇航

他，已深陷重围。背后，已无路可退。他，只是万千青年中的一个，却拿起了枪，面对密密麻麻的敌人，脸上没有一丝胆怯！

他还记得，封建时期的家，在风雨飘零中摇摆，无所依靠。他还记得，当两广总督下令实行新政时，全家是多么开心，充满了无限的渴盼。他也记得，新政实行后的生活，积贫积弱，毫无改观。当他与众人冲入总督府时，张鸣岐抛妻弃子狼狈逃窜，此刻，他愈来愈坚信自己坚持的事业！

密集的枪声过后，碧血横飞，风云变色。黄花岗外，残阳如血！

——许晟樑

那年今日，他生于动荡年代。

20年后，他饱读经书，叹息道："时代不能再这样下去了！我要起义革命！"周围人道："疯子！"

随后，他招兵买马。即使在重重阻碍下，别人笑他："放弃吧！"他仍说："民族危机，反清迫在眉睫！"

一次次的受伤，他却坚定不移地坚持。无奈，在腐朽势力的强大压迫下，他还是倒下了。

但更多人站起来了。

——唐创

"喂，你听说没？最近在闹那个什么革命。"

"嘘，别瞎扯，那些人都会被杀头的！"

"唉，要是能少交点租，留点粮我也就很满意了……"

"喊，那个从外面回来的王二，嚷嚷着什么'平均地权'，结果还不是被打了个半死。"

"啧，说的也是。那革命关我们什么事？还是回家想想怎么和老爷说说情吧！"

——胡俊杰

黄花岗起义前夕。

"夫人，今晚我就要发动起义，你要好好保重！"

"夫君，你能不去吗？这件事太危险了！"

"这关乎国家兴亡，岂能当儿戏！终归要有人打响第一枪的。"

“那……夫君你多保重，我在家里等你回来！”

“我怕是回不来了，书桌上有我留给你的家书，你要照顾好咱们的儿子，我走了！”

……

他离开后不久，城里响起了激烈的枪声。

——李林笙

起义前夜，武昌城内看似一片宁静，实则暗流涌动。武昌城起义军司令部里，几个人眉头紧锁。

“我们的计划暴露了。”

“那怎么办？本来计划好了，再拖下去，风险太大了！”

“提前发动起义！”这时一个坚定的声音响了起来，“形势已经容不得我们犹豫了！”

“好！”众人纷纷响应。

一道炮火划亮了夜空，顿时枪声四起。这炮火点亮了武昌城，也照亮了中国的未来……

——潘瑞杰

1911 年 10 月 10 日深夜。

“同学们，同学们，好消息，武昌起义了！”

“起义后，清军必定大举南下进行镇压，我们得想想怎么支援武昌行动。”

“清军南下必然经过漕河铁桥，我们可否将其炸毁，阻碍其南下的行程。”

“可行！”

“那我们尽快行动吧！”

“嘭！”一声巨响，漕河铁桥被炸。

清军南下行程被耽搁，革命争取到了宝贵时间。

——谢明强

“大牛？你咋来了！你娘不是不让你来武昌参加起义军吗？”

“嘿嘿，俺趁俺娘睡着的时候偷偷溜出来的！俺娘不知道俺来！”

“你这孩子！那你自己在这边可得小心了！把你包里的东西拿出来收拾收拾吧，我给你安排个床位。”

“中！”

“哎？你这里面两双鞋纳得挺好的啊，在哪儿买的？”

“这不是俺放进去的呀……这……”

长夜将尽，远处传来一声鸡鸣。

——许剑桥

混沌晚清天地乱，茫茫渺渺星火现。

欲知造化弄谁人，近代史上把戏看。

中国被开了口子以后，就再也没消停过。

二毛气啊，他恨。“闹革命！”他憋出了一句话。

大伙一起揭竿起义。眼看着人多了，于是打算找个正经人一起干。

听说有个小年轻，叫孙文，他就想去武昌商量这事，可到门口，被拦下了，“百姓？多种粮食比啥都强。”

没见着面。

二毛气啊，他哭……

——刘伍迪

清朝末年，革命军势如破竹，一直打到了紫禁城。

只听到“咣”的一声，革命军首领一脚踹开了宫门。

众太监都吓傻了，个个跪在地上求饶。首领一手拽起一个太监，大声道："去告诉你们的狗皇帝，我来取他的狗命了！"太监连滚带爬地离去。

"皇上皇上，大事不好了，这帮叛军打进来了，您快逃啊！""什么！"皇上立马站起来惊讶道，"别慌，别慌，来人啊，快将那帮乱贼给朕拿下！"

"皇上，已经来不及了。"

——卫晓轩

税收过于频繁。农民生活水深火热。

那年我五岁，一日，母亲早早到家，看着我一个劲地哭。父亲两年前因病去世，现在母亲又丢了工作，时局又这样艰辛。生活难以维持。

这时白媒婆来到家中，说喜从天降，有家境富庶的人瞧中了母亲，也愿意承担我这个拖累。但……那人年过六十。

——张玮楠

七月初七，起义第一枪终于打响。作为领导者，他必须到第一线去。

收拾好行囊，她与他相对无言。

"真的要走了吗？"她的眼里露出祈求的神色。

"国家需要我！"说完，他转身离开，留下一个决绝的背影。

而她，只能无声哭泣。

起义，战争，杀戮，鲜血。

经过奋战，他看到了国家振兴的那一天。

又是一年的七月初七，他来到她的坟前，独自抱着烈酒流着泪。

酒尽，瓶碎，起身。夕阳映照着他落寞的身影。

“我赢了全天下，却唯独负了你。”

——由宝文

深夜，他独自徘徊在园中。

想起国内的革命形势；想起临行前一同来送别的那些朝气蓬勃的学生们；想起还在黑暗中苦苦挣扎，寻求一丝温暖的百姓们，他越走越急。

踱步许久，门忽然被推开，随从三步并作两步冲上前来，“先生！先生！”手中举着电报说，“成了！武昌拿下了！”

他拿过电报，反复念着电文说道：“好！”又情不自禁地高喊出声，“好啊！”再抬起头时，眼角已泛晶莹。

背后，旭日东升，霞光大好。

——王谦卓

编辑心语：

本着尊重历史、不辜负作者、更不辜负读者的心态，我完成了本次微小说的修改。这个过程虽短暂，却给我留下了不可磨灭的印象。

首先，每篇微小说字里行间对历史的真诚叙述都令我深深感动。马克·布洛赫曾说：“历史学以人类的活动为特定对象，它思接千载，视通万里，千姿百态，令人销魂，因此它比其他学科更能激发人们的想象力。”而这一篇篇微小说，正是沉重的历史与活跃的思维之间的一场完美融合。

作者们创作的一个个故事，在叙述历史的同时，或给人以警示，或给人以温暖。或许是炮火连天的前线，或许是被现实割离的爱情，又或是不同阶级间的强烈反差，每篇小说都有专属于自己的主线，以不同角度陈述了历史的沧桑与那个年代的波谲云诡。

其次，通过此次编辑工作，我对辛亥革命这段历史有了更透彻的理解与感悟。从孙中山先生信心满满地点燃革命的火把，到袁世凯费尽心机窃取革命果实导致火苗消失，参与这场资产阶级革命的人们，用尽全力扫除羁绊，寻找生路。因此，代代中国人都不能忘记，一百多年前的神州大地上，经历过无数个生死存亡之际、革命成败关头的伟大革命者们，用鲜血打开了中国进步的闸门。从此刻开始，民族复兴的洪流奔涌向前，神州大地一片光明。希望我们能时刻铭记：中国革命兮，已经成功；中华复兴兮，尚待时日；炎黄子孙兮，仍须努力！

第四章
英雄儿女着新甲　华夏工农问政坛

思维守旧乃沉疴，马列惊雷驱恶魔。
唤起工农千百万，一声怒吼奏雄歌。

——杨金香

〔本章梗概〕

1919年的五四运动是新民主主义革命的开端。十月革命一声炮响，给中国送来了马克思列宁主义。中国的先进分子们，成立了中国共产党，把马克思主义的基本原理同中国革命的具体实践相结合，推动了革命的发展。本章采录的微小说，以故事的视角展开了“开天辟地的大事变”的具体内容，展现了中国共产党的成立对中国革命和中国命运的伟大意义。风起于南湖，恰同学少年，风华正茂，大浪淘沙，始见真金。

“同学们啊，虽然我们手无缚鸡之力，但是我们有骨气，是时候让这些腐败的官僚看看我们的决心了！”

大街之上，无数学生高举旗帜，大喊口号，振臂向前。

“工头，那帮学生都出去了，难道我们还躲在这个狗官造的破房子里吗？”

“走走走，难道我们还比不上一群书生！”

有人倒下，又有人站了起来。书本之中夹杂着锤头，流下的鲜血拦不住凝聚的灵魂。

——陈韬

1919年5月5日。

工人甲：“昨天好多大学生上街游行去了，一直喊着要求政府‘外争国权，内惩国贼’。”

工人乙：“可不是，这政府真是没指望了，我们作为胜利方还得被那些洋人欺压。”

甲：“哎，你儿子昨天也参加了吧？”

乙：“去了，他娘在家担心了一整天。要我说，孩子们做得也对，为了国家，勇敢站出来。哪像咱们，还留在这儿，什么也做不了，唉！”

1919年6月4日。

工头：“弟兄们，经过我们一致商讨，现在全上海的工人已经站成一线了。从明天开始，我们举行罢工！‘中国的人民可以杀戮而不可以低头！’”

甲、乙：“明天开始，罢工！”

——吕卉卉

“还我青岛，保卫主权！还我国土，严惩国贼！”

东交民巷，一女子跪于大门前，手举白布，一“冤”字引人注目。

“哎哎……你这学生，有什么冤去警察局说，跑到这瞎喊什么冤?”

“冤情太深，恐怕哪儿都接不了我这个‘案子’。”

“接不了？还有警察局接不了的案子?”

“我是为四万万同胞喊冤啊!”

——曹雅婷

陈氏兄弟：“月稿只有二百元，你也要办这个杂志吗?”

陈独秀：“足矣，我要传播思想又不是赚钱。”

隔日。

陈独秀：“孟邹你来得正好，我想给这个杂志改一个名字，就叫《新青年》。”

汪孟邹：“缘何?”

“青年如初春，如朝日，如百卉之萌动，如利刃之新发于硎，人生最可宝贵之时期也。我要把这个杂志的立足点放在青年身上，要成为青年的导师，为青年传播福音，把思想革命寄于青年身上。我想要不了多久，人们的思想就会大改观。”

汪孟邹：“仲甫……唉……难怪行严说你是‘汝南晨鸡先登坛唤’!”

——袁琳

某日。

段同学匆匆跑进教室，气喘吁吁地说道：“中国在巴黎和会上提出的要求被拒绝了!”说罢，教室内像炸开了锅一样，大家纷纷表示愤慨。周同学立马坐不住了，他说道：“我也听说了，我们堂堂中国，自己的领土主权还要转交给日本!”

同学们的眼中除了怒火，还藏着说不清的东西。他们的满腔热忱不允许他们“两耳不闻窗外事，一心只读圣贤书”。他们要起来反抗，他们要为中国的希望奋起！

——周琪

“小李啊，你留学回来可能还不清楚，去年七月我们赤山约的农会仅仅有六个人，你看这半年，农家的风貌大翻新啊！那些土豪恶霸苛捐杂税，可还存在？”

“荡然无存，大哥你可谓是为农民解除困苦、争取利益啊！”

“非我，共产党力争的结果。”

“中国共产党？可谓开天辟地！”

“开天辟地！”

——蔡雨杨

1919 年 5 月 4 日前夕，巴黎和会上中国受辱，权益遭侵，消息传回国内，举国悲愤。

小屋内，兄弟俩正在夜谈。

“大哥，这学生运动去不得，政府岂是你我大学生所能左右的啊！”

大哥望着烛光，眼神坚定：“今国将不国，民不聊生，上有曹汝霖、章宗祥这样的卖国贼为祸当道，下有各种贪官污吏为害百姓献媚取宠。古人云：‘苟利国家生死以，岂因祸福避趋之’。国家有难，大丈夫岂能坐视不管?!”

“大哥！政府无能，国家沦陷，我虽心痛，可无能为力啊！”

“你我身为国人，理应为国家奔走，为百姓呼号，若我们不救，又等谁来救？我意已定，你无须再劝！”

“可是，大哥，唉……”

第二天，北京街头。

兄弟俩一同走在北京的大街上，齐声呐喊："外争国权，内惩国贼！还我青岛，打倒列强！"

——刘凯旋

五四运动前夕。

"诚君，再来一杯！"

"好，奉陪便是。"诚君接过酒杯，一饮而尽。

我注意到诚君的眼眶有些湿润，脸色微红，嘴唇也微微颤抖。

"你……当真认同弘扬马克思主义？当真愿意与我一同参加明日的示威游行？"诚君突然问道。

"自然，我心如此。"我说道，"你呢，你又是为何？"

"争国权，诛国贼！"

——陈心诚

北京某学校。

老师正在给学生讲述马克思主义、十月革命。

"而今，国家危亡，也许只有马克思主义，只有人民自己才能救中国了。"老师长叹了一口气。

1919 年，中国外交失败。

"我们今日不去上课，老师不会怪罪吗？"张同学问道。

"无妨，我们献身革命，老师不会怪罪的。"另一名学生道。

"国家兴亡，匹夫有责，就算是女子也要献出自己的力量，我们一定会给国家带来改变的！"

5 月 4 日，五四运动爆发，新民主主义革命拉开序幕。

——段陈路

王一：“孔圣人走了，陈圣人来了。皇帝轮流做，圣人也得轮流做。”

常四：“什么话！袁大头都没几个月就下来了，谁还敢坐上去？那板凳下面净是骨头疙瘩，坐上去也不嫌瘆得慌。”

马五：“就这年头，咱有几个钱能花就得了，管他啥圣人皇帝。”

……

陈一：“在这个人吃人的社会，不想着如何自救，净想着混日子。”

陈二：“我们必须提倡新思想，反对旧思想，要先将国民脑子里所有的旧思想一一洗刷干净。”

李一：“如今唯有提倡民主科学，去占领旧思想的阵地！”

——宋振杰

轻轩是名学生，最近在报社寻了份差事。一日，邻居家的二儿子铁柱刚干完活，从街上回来，眉头紧锁地来到轻轩家。

“先生，近日街上报纸、杂志里头竟是辱我孔大圣人，批判孔学的东西！此事当真?”铁柱语罢，有些许愤怒。轻轩微笑不语，转身进屋沏上一壶茶，请铁柱坐下。

“铁柱哥，莫动怒，孔圣人在封建时代，确足为社会之中枢，时代之圣哲，其学说确足以代表其社会、其时代之道德。但如今已是民国，孔学已不适合现代生活，我们并非批评孔学，只是反对人们的思想禁锢。”

铁柱听完轻轩的解释，仍是不解，眼中迷茫。

轻轩心中暗叹，也不知这民主科学的大旗，几时才能插满人们心中的旧阵地！

——许晓虎

“快回去吧，咱们就别掺和这事了，没看见前两天游行的那几个都被抓进去了吗？”个头较小的阿明拖着阿正的手往回拽。

阿正抽出自己的手，有点愠怒：“国都要亡了，我们还要忍到什么时候！你先回去吧！”

阿正回身追上游行的队伍，跟在后面。

“真拿你没办法……哎，等等我！”阿明跑着去追阿正。

——何涛

1909年，上海某个环境恶劣的工厂里。

“快点，都快一点，磨磨唧唧的，还想不想要工钱了！”

“喂！你！想找打啊，一群饭桶！”

工厂顶楼，一个豪华的办公室里，一个中年男子神色冷淡，一个瘦削佝偻的男子局促地搓着手：“您看，这个月我们的工钱是不是该发了？”

……

1919年，一个破房子内，瘦削的男子神色冷淡，中年男子讨好地笑着：“您看，是不是能带着工人们上工了？”

——刘则欢

五四运动以后，进步青年王思齐走上了马克思主义的道路。

“说，这是什么？”

“……”

“说！”

“爹，既然被你发现了，我就实话跟你说了，这是《共产党宣言》。”

“你还敢说！难道你不怕死吗？”

“怕，我怕，我只怕中国站不起来！”

父亲看着儿子，突然发现儿子真的长大了。

——史克年

天阴沉沉的，学生们紧蹙眉头，等待游行的开始。

突然，惊雷乍响，大雨瓢泼，学生们中间出现一阵骚动。

“游行前下大雨，那是不吉利的征兆啊。我们还是回去吧！”几个学生满面忧虑。

“是啊，是啊！”更多的学生附和道。

人心惶惶之际，闻一多先生站出来：“周武王伐商时，也是突然下起了大雨，有人也认为不吉利，但是占卜先生却说这是‘天洗兵’，是吉利的征兆。”看着学生们脸上信任的表情，闻一多振臂一呼：“我们这次也是天洗兵！老天爷在祝福我们成功！”

于是，大家一致响应闻一多先生的号召，冒雨出发游行。

——李宇航

“母亲，我走了，请原谅我的不辞而别。我之所以去，是为北伐，是为中国之革命。等一切结束后，我便回来，勿念。”

青年放下笔，裹紧衣服，提起行李，悄悄走出家门。行至路口，他留恋地回头，却见门口处一个熟悉的身影。

青年的嘴唇微颤，终究走入了一片黑暗中。

两年后，历经了枪林弹雨、血雨腥风的青年拖着疲惫的身躯回到家乡。

站在路口，他又见到那个熟悉的身影伫立在家门处，一如往日。

他的双眼瞬间模糊，忍不住高喊道：“妈，我回来了！”

——吴恒恒

深夜，一名妇女抱着孩子难以入眠，连续几个月极低的工钱让他们家已经快揭不开锅了。看着连续几天晚上都在熬夜研究“工人夜校”的丈夫，她有些不解，却也有什么在心里荡漾着。

次日，她无意间和工友提起此事，突然发现大家的心里都有小小的火苗在燃烧，众人的星星之火，终成燎原之势。

“我们要罢工！我们要去搞革命！”这些了不起的女工这么想着，也真的这么做了。

——这是共产党领导下的第一支罢工的女工队伍，工农群众的革命斗争，就此正式开始了。

——顾茜

草长莺飞，两个捧着书的女学生在亭子里相遇。

“你在看什么？”

“鲁迅先生的《狂人日记》。这本书将封建礼教描述为吃人的礼教，这样形容，真是十分贴切！”

“对呀！看来我们想到一块去了！我最近还读到了许多胡适先生关于白话文的言论，让我耳目一新！”

“你听说过《新青年》吗？”

“当然！那里头提出了‘德先生’‘赛先生’，说是代表民主、科学。我觉得，我好像看见了一个新的世界。”

“对呀！看来，我们是时候冲破孔学对我们的限制，去开辟一条新的道路了！”

——张子怡

鲁迅在《狂人日记》中写道：“我翻开历史一查，这历史没有年代，歪歪斜斜的每页上都写着‘仁义道德’几个字。我横竖睡不着，仔细看了半夜，才从字缝里看出字来，满本都写着两个字是‘吃人’!”

两位老儒闻之，大怒。

老儒甲：“三纲五常，仁义道德，乃是安身立命之本，岂能容他污蔑!”

老儒乙：“就是，我这一双膝盖，上跪圣人，下跪父母。要是像他说的那样，我要这膝盖何用?”

——刘士元

1919年5月4日，两个学生之间展开一番对话。

甲（一脸软弱）：“老兄，外面那么乱，你去干什么？小心被抓起来。”

乙（坚定无比）：“我就是要去游行，你去不去?”

甲（撇撇嘴）：“我才不去呢，被抓起来小命都没了。”

乙（义愤填膺）：“难道你就忍心看着我们国家的土地被侵占？我们的同胞被欺辱吗?”

甲（翻了个白眼）：“关我什么事？又没有欺负我，又没有霸占我家的土地。还是自己的小命要紧。”

乙（义正词严）：“你难道忘记了‘国家兴亡，匹夫有责’的含义了吗?”

甲：“切，小命没有了，还谈什么国家。我还是先找个地方躲起来吧。”

乙（满面怒气）：“懦夫!”

——江帅

一天上午，一青年正要出门，他的父亲拦住了他的去路。

父：“干什么去？是不是又要去闹学潮?”

子："是的！"

父（怒）："家还没成，却总想着做些混事，不准出去！"

子："国家动荡，何以家为？天下兴亡，匹夫有责。怎么能说是找事？"

父："修身齐家治国平天下，顺序都搞不对了？"

子："值此乱世，无国何以有家？"

父："你这样做会给你自己、给我们家惹多少事，你知道吗？"

子："'苟利国家生死以，岂因祸福避趋之。'我意已决。"（说罢，夺门而出）

——孙跃

铁柱自幼苦读圣贤书，到大学之后他发现周围的一切与书中描绘的好像都不怎么一样。

学校里贴起了"打倒孔家店"的标语，铁柱的眉头皱成了川字。

他找到老师，问道："老师，打倒孔家店是要连'仁爱'一起舍弃吗？"

老师笑问："铁柱，你可知这孔家店指的是何物？"

铁柱答："学生愚钝，请老师指教。"

老师道："这孔家店指的是那些不合时宜的封建腐朽的烂根而已，并不代表我们要将它结出的好的果实也一并丢掉。"

铁柱拜谢老师。

后来，铁柱走路的时候全身都透着一股坚定之气。

——刘增

1919 年 1 月，中国政府提出的废除"二十一条"的正义要求被拒。4 个月后，原本看似平静的大街，终究还是迎来了我和我背后的人民。

在这场游行中，我冲在最前面，心中毫无畏惧。

我们狂呼着自己的口号："国耻不雪，虽死不瞑目；我身不死，就要一往直前。"

"砰!"一声枪响，我的最后一眼还是留给了罪恶……

斯人已逝，历史却永不遗忘！

——五四运动是中国知识界和青年学生反思中国文化，追求民主与科学，探索强国之路的新文化运动的继续和发展。五四运动是中国旧民主主义革命的结束和新民主主义革命的开端。

——潘志军

1919年5月，北京大学的一群学生聚在一起，他们面露沉重之色。

主席："各位都听说《巴黎和约》的事了吧。如此丧权辱国的条约，简直是欺人太甚!"

学生甲："哎，国力衰弱，可恨我不能为国拒签这个破条约!"

学生乙："我们只不过是学生，有心无力啊。"

主席："不，同学们，我们虽不能上阵杀敌，不能坐上谈判席！可不代表我们不能为国效力啊！我们可以去请愿!"

学生甲："对，我们号召大家一起！所有人一起!"

主席："对，我们一起，为民请愿！无论遇到什么困难，决不退缩!"

5月4日，北京城，3 000多名学生举行游行示威，后人管它叫"五四运动"。五四运动是新民主主义革命的开端，是结束中华民族漫漫长夜的第一缕曙光。

——高玉彪

傍晚，北京大学校园内。王生匆匆走入宿舍："听说了没有？政府准备接受那些条约了。”

另一个学生李生不为所动：“这年头，政府腐败，我们又有什么办法？”

王生：“所以呢，我们就这样无所作为吗？列宁领导的十月革命已经成功了，只要我们无产阶级团结起来，一样可以有所作为的。”

李生：“说得对，身为中国人，我们也要为国家出一份力啊。”

王生：“明天全北京大学生要一起游行示威，咱俩一起加入他们吧！咱们中国人绝不能签这些条约！”

李生：“好！‘中国人民可以杀戮而不可以低头！’”

——陈凯旋

1915 年秋天，上海的一个弄堂中。

“哎哟，陈先生又来了，来来来，请坐请坐。”本地人老张在这开了个理发店，店不大，生意却一直很好。

“陈先生，还是老样子，可对呀？”老张给陈先生系上围布，问道。

“嗯。”此人不咸不淡地应了一声。

老张平时嘴碎，给人理发时这张嘴也停不下来。“最近，听人说你们在搞什么新文化运动，还叫人把长辫子剪了。什么新文化、新思想我是不懂的，不过只要你们头上还有头发，我就一直有生意做……剪好了，陈先生。”

陈先生起身看了看老张：“老张，你这是剪剪人头上的辫子，而我们的《青年杂志》，却能把人心里头的长辫子给彻底剪断喽。”他说罢转身离去了，留下老张站在原地，一脸迷惑。

——马雯浩

1919 年 6 月初的某个夜晚，一间工人宿舍里，老黄正眉头紧锁，心中思绪万千。他拍了拍工友老马。

老黄：“老马，有件事我要跟你商量一下。”

老马：“啊？啥子事？”

老黄：“明天我们市的工人准备集体罢工示威，让政府拒绝在合约上签字，废除‘二十一条’，外争国权，内惩国贼。”

老马：“那咋行，不干活哪来的钱？俺还想讨媳妇呢。”

老黄：“现在国家都要亡了，哪里还有心思想这个？你明天到底跟不跟我去？”

老马：“好！那俺明天跟你走一趟。”

次日，工人罢工……各地风起云涌，最终推动了五四运动的斗争目标得到实现。

——印体健

1919年，孙家米庄。

“伙计，买50斤米！”

“不卖！”

顾客嘴一抖，眼一横：“咋的，有生意都不做？把老板给我喊出来！”

“不光是我们一家，整条街都不做生意了，老板去游行了，听说是为了让政府把抓的学生给放了。”

顾客手一摆，脸一歪：“真是多管闲事，这样就想让政府放人？行行行，你不卖，我去别的地方买。”

到了晚上，顾客两手空空地回了家。他一夜没睡，似乎突然明白了米庄为什么罢市。第二天，他也加入了游行的队伍。

——孙银波

1919年，巴黎和平会议结束，中国饱受屈辱。

这一日，学生A正在教室内奋笔疾书，学生B突然怒气冲冲地走了进来。

“你还学啥啊，书呆子。只会学习就能救国了？就能抬头挺胸了吗？”

“怎么了？跟吃了火药似的。”

“外面都传开了，你不知道吗？中国作为战胜国，连自己本来的土地都拿不回来，还把原有的一些土地送给了日本！中国的土地可以被征服，但决不能断送啊！”

“什……什么！那……那我们能干什么啊？”

“出去抗争！”

于是他们同其他热血青年一起，参加了五四运动。这场运动成为新民主主义革命的第一簇火苗。

——张玮楠

巴黎和会前夕。

大学课堂上，两名学生并排坐着看书。

“哎，我跟你说个好事。”

“什么事？”小李头也不抬地回答。

“如今世界大战已经结束了，各战胜国将在巴黎举行和会，中国也受邀参加了。”

“真的？”小李猛地抬起头，脸上写满了震惊。

“当然。”

“但我总有一种不好的预感……”

“有什么可担心的，这次我们终于可以洗雪国耻了！”

“嗯，可能是我多虑了吧。”

几个月后。

巴黎和会上，中国外交失败。

“这，国要亡了啊……”小李拿着报纸瘫坐在座位上。

“不，还没有，国家还有我们，我们不能屈服!”小张说着冲了出去。

不久，教室外面传来了学生们“誓死力争，还我河山”的呐喊声。

——施麦冬

“哥，你听说了吗？军阀头子吴佩孚被打得落荒而逃啊!”

“嗯，听说了。这些军阀平日里到处烧杀抢掠，如今真是大快人心啊!”

“我们以后再也不用受他们欺负了，真多亏了国民革命军！哎，哥，要不我们也去加入革命军吧?”

“革命军？好主意，我们……不如就加入叶团长的部队吧。”

“叶团长？可是那被人们称作‘铁军’的叶挺独立团?”

“不错，正是这支部队。”

“好，明儿一早咱就去!”

——邬行杰

学工会门外，社员传杰匆匆去见杨社长。

“杨社长，你看了吗？陈独秀先生的《青年杂志》!”

“我当然看了，传杰，你知道那意味着什么吗?”

传杰道：“知道，我们要解放思想!”

副主席凌波按捺不住激动的心情说：“对！我们作为学工会，必须起带头作用，号召同学们抵制帝国主义、封建主义。”

•

杨社长赞同地点点头："民主和科学才是未来，我相信在'德''赛'两位先生的带领下，帝国主义和封建主义必将消亡。"

——杨云凯

午夜，北京城有点冷。周遭一片寂静，偶尔能隐约听见远处断断续续的犬吠声。

几个北大的学生摸索着来到城南广场的政府公告栏前，手里拿着胶水和"外争国权，内惩国贼"的大字标语。

"我们赶快贴，被政府的巡逻兵捉到就不好了。"一个戴着黑框眼镜的学生小声道。

"他们欺负自己人，反倒和外国人称兄道弟。我不怕，君子无畏一死，为国而死，足矣!"另一位同学义愤填膺。

仰望天空，仿佛漆黑一片，细瞧，却是星星点点布满夜空，时隐时现，却都在发出夺目的光芒。

——元佳丽

天空暗沉得有些压抑。

他看了看被烧得残破不堪的宅子，叹了口气，压低帽子，低头快步走开了。

"老爷，老爷，少爷又被同学欺负了。"

他无奈抚额，呆呆地盯着桌上的砚台，仿佛看见了曹宅的烈火。

突然，一个少年转身，轻轻地对他说了三个字："卖国贼。"

——柯文

"胡主任，有人来访。"

"谁?!轰出去。"

“那人自称是‘德先生’‘赛先生’，看样子来头不小。”

“管它什么‘逗先生’‘聪明先生’，一律不见。”

……

几天后，上头打来电话。

“胡得志，你可以回乡了，稍后会有人接替你的工作。”

嘀……嘀……嘀……

同一间办公室里，明显多了些生气，“德”“赛”二位先生正和蔼地与办公室里的人交谈。

——滕雪飞

中国在巴黎和会上外交失败。

“国豪，你明天真要参加游行吗?”

“当然，我们必须阻止政府在和约上签字。”

“可是，我们只是学生，怎么可能斗得过他们?”

“难道就任由国家主权被践踏吗?! 国若不国，愧为国人！只要大家团结一心，他们必定屈服。”

文昊仍在犹豫。

次日，国豪准备出发。文昊说，他也去。

那日，是1919年5月4日。

——黄世彪

今天，我从北大赶回来参加了外婆的葬礼，听母亲说，外婆和曾外祖母都是苦命人。外婆的父亲、哥哥和侄子，都死在当年的革命活动中，只留下她和曾外祖母相依为命。

“秋儿，你知道为什么他们都去参加革命吗?”

“不知道。”

“因为‘家’，母亲说父亲跟她说过，有国才有家，有了新国，才会有新家。”

“家？外婆……外婆……”我从梦中惊醒，起身，去窗前，口中却一直念叨着“新家吗……”

第二天，我很早起来，给还在北大的同学打电话：“喂？请问现在还在召集参加游行示威的学生吗？我也想报名！”

“好的，不过为什么突然想参加了呢？”

“嗯……因为想有一个不一样的家！”

我望向天空，仿佛看见了光亮，开心地笑了。

——舒佳

这是一个空气清新的早晨，小孔正全神贯注地背着《论语》。

小孔：“学而时习之，不亦……”

路过的小新打断了小孔：“唉唉唉，小孔，今天早上《新青年》提倡我们要学习什么‘德先生’‘赛先生’，要不借你看看？”

小孔：“不看不看，我要研究儒学呢。”

小新：“读书人啊，要与时俱进，这里边新思想蛮有趣，放这，随你看不看。”

小新走后，小孔心不在焉地继续背《论语》，不时瞄几眼《新青年》。

最后他放下《论语》，拿起了那本杂志。

——王川

五四运动之势日渐浩荡，呈燎原之态，政府开始搜捕学生领袖。

石杰对面前疾书的人无奈地说：“哥，如今警察四处抓人，这世道不容易，你跟我回原上避避风头吧。”

石豪执笔于案，无动于衷。

石杰哀求：“哥，你就别犟了，跟我回家吧。”

石豪听后停笔，愤然起身道：“国将不国，何以为家？”

——李鑫

1919年5月3日，北京大学校园内。

“这北洋政府气煞人也，如此不平等条约，他们竟欲签字妥协，明日的游行，一定要阻止他们在上面签字，外争国权，内惩国贼！”

“张兄，正值混乱之际，明日之行，甚是凶险，你可要三思啊！”

“李兄，别说了，我意已决！”

“可是若一去不回呢？”

“便一去不回！”

——黄浩

来自西伯利亚的寒流为古都带来连绵数日淅淅沥沥的小雨，带来十月革命胜利的消息，也给人们带来了希望。街上的报童在尚未寒冷的雨里声嘶力竭地喊着：“号外号外！俄国十月革命胜利！俄国十月革命胜利……”

他匆匆走在清冷的大街上，确认身后没有尾随者，才来到一家紧闭的照相馆门前，推开门，闪身走了进去。

“已经联系好我的一个同乡，他也是咱们一届的，到时候他会带着他们一个班的同学……”

屋里的人看了一眼窗外的老槐树，目光回到屋内，神情坚定：“为了中国的明天！”……

——李晓夏

巴黎。

“回来啦，结果怎么样?”

“会是开完了，也没法交差了啊……”

北京城内。

“听说了巴黎的会议吗……”

“嗯……所以，你打算怎么办?”

“……这事，我们参与好吗……”

“国家危难当头，我们青年人是国家的主力军，怎么能退缩!”

次日街头。

“还我山东！还我青岛!”

“废除二十一条!”

“外争国权，内惩国贼!”

——周凌

“春梅，你怎么还在这？不关心国家安危，竟然还在这看书!”

“什么时候去的？我怎么不知道，他们说最近不去的呀!”

“他们把日期提前了，前方传来消息说巴黎和会谈判失败了，要把青岛划给日本呢！所以他们就提前去示威游行，希望动员更多的人去迫使政府拒签条约。你去不去？我们一起。”

“去，去，去，当然去，怎么能不去？我们的国土凭什么让给别人?”说着，她起身离去，和伙伴一起汇入学生游行的大潮中……

——陈成

1919年5月4日，“怎么起这么早啊？来吧，早饭已经做好了。快点吃完，赶紧去上学!”

“爸，妈，今天同学约我有点事，先不吃了，我现在就要走了。”

“你个小兔崽子，不好好上学，瞎搞什么！”

他笑着摇了摇头，看了看窗外，又看了看他皱着眉的爸妈，转身回到屋内，拿起了那准备好的鲜红的横幅。

——李云翾

“快听，外面在喊什么？走，我们出去看看。”

“外争国权，内惩国贼！”

“我看这群学生是不好好念书，瞎起哄。”

“听说巴黎和会中国外交失败，激怒了国人！”

……

“老板，老板，不好了，不好了。”

“什么事啊？看把你这王八犊子给慌的，快说！什么事？”

“工……工人罢工了，今天厂里没法运行了。”

“有这等事，快——快准备车，我要去厂里。”

“现在路上车没法通过，全是学生在游行。”

“唉，这是什么世道啊！”

——王有竹

一战结束后，本是战胜国的中国却被迫在巴黎和会上签订不平等条约。

不久，在国内，一名同学告诉陈潭秋这一消息：“陈潭秋，你知道吗？北洋政府要在合约上签字了！”

陈潭秋：“什么！竟将我国山东拱手相让，长此以往岂不是国将不国？不行，我明天就要和志同道合的同胞们一起向那三个卖国贼讨一个说法！”

第二天，陈便走上街头，参加游行示威。

——高韩

1919 年，一个多灾多难的年份。

顾维钧，这个被人民的呐喊、被权利的纠缠推到历史坐标点的男人，没有愧对中国。

他在“巴黎和会”上拒绝在条约上签字，并坚定地说道：“中国不能没有山东，就像西方不能没有耶路撒冷！”

这是中国人第一次站在世界外交舞台上挺直腰杆对递来的不平等条约说“不！”

宁肯付出名誉，被无情地通缉，东躲西藏，被恐吓，但他也依旧无愧于良心，无愧于历史，无愧于中国人！

——刘婷婷

“号外，号外，巴黎和会，中国外交失败。”街市上，报童正用嘶哑的喉咙竭力大喊。一向不景气的街市此刻也变得躁动起来，行人个个摇头叹息……

宿舍里，一位学生正义愤填膺地说：“国家兴亡，匹夫有责，政府无能，弃权求荣，吾等青年，必当挺身而出，游行示威，捍卫主权。”简陋的宿舍空气凝滞，气氛瞬间变得严肃起来。

“我赞同！”声音响亮，态度坚定。

“学长，学长，我……我也要去。”

学生欣慰地点了点头，转身写下“外争国权，内惩国贼，誓死力争，还我青岛”十六个大字，走上街头……

——周志宽

夜，天空被点亮了，燃烧的火星蹿上穹顶，然后变暗，坠落在明暗的分界里。

火光映亮了无数人的脸。满怀愤怒的脸，充满痛恨的脸，不甘的脸，踌躇满志的脸。火光越来越亮。

“学长学长，我们在这儿找到了一个人！”

“哦，找到了谁？”

“章宗祥！”

“打！”

——刘亚杰

巴黎和会上中国外交失败，五四运动爆发了……

我身穿一身黑色学生装，俨然一副学生样，穿梭在人群中，正跟着队伍游行示威。

“外争国权，内惩国贼，取消二十一条！”这铿锵有力的声音，既表达我对祖国的爱，又表达我对职业的热爱。

“咔，好，演得很好，再来一遍。”

我，是一名老横漂，演过学生，演过工人，演过士兵。在公众眼里我是路人甲，但在自己眼里，我就是演员……

——刘静静

铃声响起，一位教授走进教室。他看着座下学生们满脸的严肃与哀伤，想起曾经的欢声笑语，不由得叹了口气。

他用苍老的声音说道：“去吧，去追寻你们认为正确的道路吧！”座下学生无一不诧异，但很快便反应过来，全体起立，向教授鞠躬，随后带着早已准备好的标语义无反顾地向外走去。

空荡荡的教室里，教授回望一眼黄历，1919 年 5 月 4 日！

——王鸿莹

那是个雨霁的午后，我站在东风广场最高的台阶上。

我面对即将参加游行的同学们高喊：“中国人民可以杀戮而不可以低头。真正的猛士敢于直面惨淡的人生，敢于正视淋漓的鲜血！”

“嘘，周永行又在说梦话了，赶快录下来。”

——周永行

1919年晚春，课堂冷清异常，先生又在讲着“之乎者也”，课桌上几个闲人做着黄粱美梦。良辰摊开书，泛黄书页上密密麻麻的字符使他双眼迷离。

昏昏欲睡间，窗外，雷鸣般的呐喊声一浪接着一浪。他看见滚滚人流中翻滚的标语，看见青春在年轻的面孔上张扬！他陷入沉思，少顷，微微一笑，破门而出……

——曹宴维

学生们聚集在门前，要求见大总统徐世昌，徐世昌却避而不见。

这时警察总监吴炳湘出面劝阻学生：“总统不在，并且时间已经很晚，大家可以把请愿书留下后回校休息，政府自然会给出答复。”但学生们坚决不肯，一直耗着。

这时，吴炳湘又出面劝说，态度更温和了些：“待会天气要热了，大家还是早点回去睡午觉吧！”

学生回答调皮了些：“大人您年事已高，自己注意身体即可！”

吴炳湘一甩袖，无奈地离开了。

——孙圣权

空荡荡的教室里，纸张散落一地，桌椅乱七八糟，整个屋子像是被洗劫了一般，与窗外盛春的勃勃生机形成鲜明对比。

我蜷缩在角落，靠在一张快断脚的桌子旁，像一只受惊的小猫，身子在颤抖，心也在颤抖。微风吹来，带走了几片碎纸屑……“外争国权，内惩国贼……”响亮的口号如巨浪般袭来，我内心也突然振奋起来。忽然，我如同一匹脱缰的骏马，蹬地而起，拎着一把椅子，破门而出……

——高嘉良

编辑心语：

这次编辑任务是在上课期间，虽然在时间上与各项活动有冲突，但我们组认真团结，最终完成了任务。

我们小组负责的是第四章的相关内容。第四章是“开天辟地的大事变”，即新文化运动与马克思主义在中国的传播、中国共产党的诞生以及中国革命新格局等内容。先将编辑的文件分组，我组在下发文件当天就将任务分发下去，一人负责一组，对于相关史实内容进行审核。

在审核过程中，老师进行线上指导，李冰、汪聪、刘博涵三位组员也进行了文件的分享以及修改，大致明白改动方向后，完成了各自的文件筛选和修改，包括错别字、字数以及格式等。后期进行综合审核，我主要从整体上再次进行筛选、修改和批注，并与总负责人和组员交流，保证了工作的大致顺利，最后在交稿约定期限内完成。通过编辑他人文件，组内成员对于这段历史有了更深的体会，对相关知识有了拓展，对未来课程的学习也有一定的借鉴作用。

第五章
改天换地铸魂魄　革故鼎新振斧镰

板荡何哉痛兆民，又堪风雨卷胡尘。
凭谁一试拿云手，复我神州万顷春。

——高学文

〔本章梗概〕

1927—1937 年的土地革命时期，中国共产党历经磨难并走向成熟。工农武装割据，走农村包围城市的道路，让中国革命看到了希望。三次“左”倾错误导致了中国革命遭受到严重的挫折，红军被迫长征。中国共产党人从未放弃对革命的理想和信念的追求，在曲折中求生存谋发展。本章采录的微小说，或抒情令人感动，或写实令人悲愤，这段披荆斩棘的历史，一个个“牢记初心、不忘使命”的故事，如星星之火，以其燎原之势点燃我们心中的革命热情。

火车站，小乞丐蹲坐在地上。两个外国商人走过，丢下几个硬币。

商人们在讨论这个国家，一个商人说："中国人很无知。"

另一个说："中国人……"刚想说"很野蛮"的时候。突然，硬币就像石头一样砸向他们。小乞丐站了起来，昂起头，眼睛通红："把你们的钱拿回去，我不接受侮辱国家的人的施舍。"

——杨名

没有月光，天很暗。

破烂不堪的房屋里面，一张咯吱咯吱作响的桌子旁，坐着一个人。

他思索着什么，看了看旁边快烧完的蜡烛，又望了望窗外，一片死寂。他的脸上露出痛苦的表情，陷入了彷徨和苦闷之中……

他在房间里面不安地踱步……

不知过了多久，他走到窗前，点起一支烟，望了望远处，看见地平线上一丝照亮黑暗的光。

他嘴角微微一笑，回到桌前在纸上留下了两个字：希望！

——田涛

"老师，我们这报纸要不要出版啊？外面的国民党特务盯得可紧了。"在一个偏僻的房子里，一群编辑看着那些写满进步和先进革命思想的底版一筹莫展。

"出版！肯定要出版！没有这些，人民就会继续愚昧地生活下去。如今这个依旧腐朽封建的社会，需要新思想……"

突然，一声枪响，老师倒在了血泊中。

最后一刻，他依然盯着那些报纸。

——潘瑞杰

1926 年 4 月，关于他的搜捕令贴遍了北京城的大街小巷。他却临危不惧，继续从事党内的工作。终有一天，卖国贼们找到了他的住所……

“快开门！再不开门我就开枪冲进去了！”

面对门外“豺狼”的咆哮，他郑重地对爱人说：“兰，照顾好孩子们。共产主义在中国取得胜利是必然的！即便我离去了，也一定会有千千万万个中国人来实现我未完成的理想。中国共产党万岁！”

话落，他大步走向门外。

——刘冲

1927 年 6 月，某天夜里。

妻子拉住了急匆匆准备出门的丈夫，小声道：“脱离组织吧，你看看有多少同志都白白牺牲了。”

丈夫回头，紧紧搂着妻子，道：“已经坚持到今天了，就差这最后一步。我会小心的，去去就回。”说罢，丈夫放开了泣不成声的妻子。

丈夫再也没能回来。

——任颢

1927 年 7 月 15 日夜里，长生被一阵急促的敲门声惊醒。

“谁啊？”

“我，阿春。”

“来了！”

“怎么了，你怎么满头大汗的，这么慌张？”

“汪精卫叛变革命了，正在追杀我呢……”

“快进来！”

——王鹏

南昌起义后，张顺带领的一个连在撤退途中遇到敌人的一个营。班长马勇主动要求留下，负责掩护部队后撤。

于是，连队向着敌军大部队相反的方向快速撤离。同时，马勇大骂敌军并用轻机枪扫射，不久就被包围。

那一页史书，正面洒满了烈士滚烫的鲜血，背面盛开着革命成功的希望。

——赵子昂

夜里，老人颤巍巍地从破布包里拿出一样东西，那是一本泛黄的相册。

他慢慢地翻开。

那张照片中，穿着破旧军装、拿着几粒青稞傻笑的小鬼——是老人年轻的模样。

老人嘟哝道："……过草地……我生来就是小奴隶，穿上军装就没想过脱下。"

这是老人最爱的一张照片——密密麻麻相拥的战士，漫山遍野飘动的红旗……

"我还……从没见过……这……么多人，这么……多红旗！"老人缓缓地合上眼，陷入长征胜利会师的回忆之中……

——魏世宇

在一个风雷交加的夜晚，李雷被一阵急促的脚步声惊醒。窗外喧闹，困惑的他拉开窗帘，看见村里人都提着口袋往村口跑。突然门前闪过一道黑影，"咦，那不是隔壁刚加入红军的马可吗？"李雷小声说着。

"嘿，马可，你们这是在干啥呢？"

马可蓦地停下脚步，顺势擦擦额头细密的汗珠，喘着粗气："红军被围剿啦，现在一个师奔咱村来了，大伙都在帮忙搬运接济的物资，你也快来吧……”话音夹杂着雷声，消失在黑夜里。

“砰”的关门声，李雷加入了黑夜来往如蚁的人群中……

——王榆萌

一日，大地主龙五正在宅院里休息。远远听到一些像是“打倒地主”的声音，他惊了一下，转念一想，平日里农民对自己都是毕恭毕敬的，自语：“呵呵，这些老农，怕是借他们十个胆都不敢造反。”

在准备休息时，他却发现这声音经久不息，越来越近，不断在耳内回荡：“打倒地主，平分土地!”

此日，龙五的地主生涯，结束。

——郭嘉凯

会上，一名士兵闯了进来。

“报告，截获新消息，红军打算横渡泸定桥。”

“什么？红军是在自寻死路?”一名军官疑惑。

“看来他们在逃亡中已经丧失了理智，竟然横渡泸定桥这样的天险。”又一名军官说道。

“哈哈，桥板拆了，我们这边架上机枪、大炮，就算他们能飞，也能把他们打下来!”一名军官大笑着说。

团长表情从犹疑变成喜悦，与会人员也开始庆祝，仿佛围剿的胜利就在前方。

——农轲

1931年2月，深夜里，一家农户的炕上，一盏煤油灯的灯光还在摇曳。

“爷爷，那么大的一块地真的就这么送给咱们家了？”

“爹，你说这共产党可靠不可靠啊？”

“唉……这些年被折腾得多了，不清楚啊！”

“爷爷，我觉得不欺负人，还能让咱家吃饱饭的党就是好党！”

“可是爹，这么便宜的事……”

“好了，想想一家子吃啥吧。你明天和我去把那块地捯饬捯饬，开春就种上苞米。”

“行！”

——卓林林

“快来，今天有鱼吃了。”老李边说边晃了晃手里的几条两寸长的鱼。战士们听到这，脸上都露出了喜色。

待到老李端来鱼汤，几个十六七岁的小战士迅速蜂拥过来。没过几秒，碗底已经露了出来。“李班长，你吃了吗？”小六子关心地问。“我刚刚已经吃过了。”老李摸着肚皮尴尬地笑了。

……

“老头子，快醒醒，怎么睡着睡着又哭了？”

“老婆子，我又梦见我爹饿死在草地里，如果当时他喝了鱼汤……”小六子泪流满面。

——张彬

这几天，遵义这小地方颇不平静，先是一队又一队军人涌了进来，听说是什么红军，后来又听说他们在开什么重要会议。狗蛋吓得好几天都不敢出门，生怕被抓去充军。

他老婆小花看到他这副模样，不禁大骂：“我当初真是瞎了眼了，怎么就嫁给你这么个孬种！你也不去打听打听，人家红军从不抢老百姓的东西。你以为他们和国民党那群土匪一样啊！”

听了老婆的话，狗蛋不知是因为羞耻心，还是真的明白了红军的含义，对老婆说：“我要去参加红军，我要保家卫国。”

听到这话，小花鼻子一阵发酸，说：“当家的，你放心去参军，不论你啥时候回来，我等你！”

——曹琦

茫茫草地不见尽头……

小战士惊慌地道：“班长，我们断粮了！”

老班长黯然道：“把绑行李的皮带拆下来洗洗，待会煮了吃吧！”

“能吃吗？”小战士弱弱地问。

“能吃，眼下最重要的是填饱肚子。”

小战士吃着被煮得泛黄的牛皮，脸上露出了满足的表情。此时，老班长看着小战士稚嫩的脸，坚定地想：“等革命胜利了，全中国的人就不用挨饿！”

——利沛琦

她们在路上走着，天上飘着的是漫天飞雪，前方是看不见尽头的道路。

小女孩再次开口道：“妈妈，我饿了。”语气中充满了哀求。

中年妇女摇了摇头，无奈地说：“再忍忍吧，我们已经没有多少吃的了，还不知道有多远才能走出这雪山。”

小女孩眼中含着快要冻结的泪，乖巧地点点头。

雪还在下，路还有很长……

——周民先

九一八事变之后。

一群年轻的国民党士兵在围剿红军时落入了包围圈。慌乱中，他们逃进了一个山洞。“这里应该没人了吧，咱们躲躲？”

“嗯，进去看看。”排长带着士兵向里面走去。

“别往前走了！快回去！”突然，一个人影出现在他们面前。

“什么人？”这些士兵举起了枪。

“中国人！”突然，四面八方传来了一个个雄浑有力的声音。

排长抬了抬头，透过昏暗的光线，他仿佛在面前那道身影的帽子上看到了一颗红色的五角星。

——钟伦俊

“班长，班长，我们歇歇吧，我饿得走不动了。”

“你就知道吃，班长的干粮都被你吃了不少。”

“没事，我这多着呢。”班长晃了晃挎包。“上了山头，我们就吃晚饭吧，没准在那还能看见大部队。”

终于走上了山头，战士们惊喜地看见远处有点点火光。

“找到大部队了！”

可这时，班长却突然倒下了，从他的挎包里，滚出来几块石头。

——毛晟安

长征途中，一名小战士在沼泽旁叫道：“野萝卜！”

这时，小战士跑过去拔起来，准备就往嘴里送。班长艺德急忙赶去夺来放进自己嘴里，味道略苦涩。一会儿，艺德便全身无力呕吐起来说：“这萝卜有毒，快，快……”话音未落就倒下了。

几小时后，艺德醒来，见端着水壶的小战士，声音嘶哑地说：“别管我，快去告诉其他同志！”

——姚昊

“今晚真冷啊，班长。”

“小王，你的棉衣怎么这么薄?”

“前几天路过那个村庄，把厚衣服送给一个老奶奶了。”

“长征路还远着呢，你这怎么过雪山啊？来，拿着！我这衣服给你穿，我一把年纪了不怕冷!”

“我不要！我年纪轻，抗冻!”

争执了半天，老班长最终拗不过小王。就这样，大家在寒冷的雪山上入睡了。

那天晚上，天格外寒冷。

第二天早上，小王的身上多了一件棉袄，而老班长的眼睛却再没睁开。

——韩沛轩

“班长，这雪山我们什么时候才能爬过去?”小虎子仰着头问。“快了，快了，再多走一步就过去了。”班长眯着浑浊的眼睛说道。“班长，我走不动了。”小虎子停住毫无知觉的脚，紧了紧腰带。“给，吃吧。”班长掏出了一小块饼。

“班长！班长！我们翻过来了！“小虎子突然间激动地跳了起来。班长摸摸小虎子的头，然后静静地倒在了洁白的雪地里，嘴角还含着一丝微笑。

——叶萌

雪山上，狂风夹杂着暴雪肆虐撕扯，稀稀落落的红军战士在及腰的雪中挣扎，仿佛下一秒就要被冻住，再被拍碎……

“团长——有人死了!”被战士们围着的，是一位40来岁的老战士。他身着一件单衣，斜倚在早已冻死的枯树上，一手扶着早已熄灭的烟杆，满脸的冰碴粘连着胡茬，微笑着……一片死寂……团长的脸阴沉得可怕，突然像暴虐的狮子般咆哮起来：“军需处长呢！给我滚过来，老子要毙了他，我……”

“团长，他就是军需处长。”

——刘康

“A，你就弃暗投明都交代了吧，‘共军’不过是秋后的蚂蚱。”

“哼！你忘了敌人是怎么对乡亲们的，也忘了当初在党旗下的誓言了吗?”

“……识时务者为俊杰，明明可以吃香的喝辣的，偏偏不识抬举!”

“怎么，软的不成来硬的?”

“最后的机会，你说还是不说!”

“要杀要剐放马过来，我眨下眼就不是共产党员!”

翌日，A君慷慨就义。

——胡俊杰

茫茫草地、白雪皑皑，队伍缓缓前进着。

“班长，你的粮食刚分给了别人，吃我的吧。”

“不用了，我还有呢。”

“班长，你就别推辞了，你看，我的包还鼓着呢。我胃口小，正好分给你。”

“那我就不客气了。”

队伍继续向前走着。

突然，队伍中有一个战士走着走着就倒下了。

“小刘，你怎么了？小刘……”

战士们走到小刘面前，可是他面色惨白，已经没有了呼吸。

班长颤抖着打开那依旧鼓鼓的干粮包，一团杂草露了出来……

他的泪水瞬间盈满了眼眶。

——仝妍妍

一颗手榴弹在身旁爆炸。

“大哥，大哥……”

“啊，怎么了？”

“你刚刚被手榴弹震昏了啊。”

“现在怎么样了，冲过去了吗？”

“还没有呢，督察队就在我们后面，再不冲就死了啊！”

大哥恍恍惚惚地站了起来。

这时他突然把老三拉倒，压在他的身下。

“无论发生什么都不要动。”

砰——砰——

“以为我没看到你啊，贪生怕死的鼠辈！”

许久之后，老三只听到微弱的声音：“活下去……”

——路德任

深夜，红军的一支部队，走了很久，才找到一个安全的地方驻扎下来。谁知，刚刚落脚，远方就冒出来零星的火光。

“报告连长，国民党的追兵好像又跟上来了。”

连长的脸上掠过了一丝愤怒、一丝无奈：“把同志们都叫起来吧！”

深夜，部队又在黑暗中摸索前进……

——闫鑫

为了在国民党的围剿中寻求革命的生机，红军被迫进行战略转移……

这天，因为过度疲劳而掉队的老战士在夕阳下继续前行。这时，一位蹒跚的小战士出现在他的视线当中。老战士好像忽然想到什么，一咬牙追了上去。

只见那小战士脸色惨白，瘦骨嶙峋，望着小战士稚嫩的脸，老战士把身上仅剩的一块青稞饼交到了小战士的手中，对他说，活下去，把胜利的希望延续下去。

老战士倒下了，小战士流着泪倔强地点了点头。

——惠利伟

战地记者欧文在战场上受伤，来到某村庄休养。

他暂居在一位慈祥的老人家里，老人每天给记者送过饭食后便一个人坐在门前发呆，像是在等待着什么。

欧文便问："大娘，您家里的其他人呢？"

老人脸上露出自豪的神情："我两个儿子都是红军嘞。"老人眼睛闪烁着光，"他们出去一年零三个月了。"

欧文想起在战场上遇见的那些充满朝气的中国青年，心想老人的孩子应该也跟他们一样英勇，即使可能随时会死去……

——琼吉

1927年，在攻打长沙的计划受挫后，起义部队决定南下，向敌方力量薄弱的农村区域转移。

小郭："咦，看你喘的。"

小白："好消息好消息，共产党要在农村建立革命根据地啦！"

小薛："共产党要建立农村革命根据地，和你有什么关系？"

小沈：“对啊，和你有什么关系？”

小白：“作为中国人，我要参加革命，为中国革命出份力，好兄弟，和我一起吧！”

齐问：“那我们会不会死啊？”

小白：“男子汉大丈夫决不做贪生怕死的懦夫！”

齐说：“好，我们兄弟一起！”

——白紫洋

书房门被猛地推开，郭以为是幼子皮闹正要开口训斥，却听到了熟悉的声音。“郭兄，出事了！”“沈兄，什么事如此慌张？”“报社里的人让我赶紧知会你，国民党军队要抓你。”“为何？”“还能为何！”沈拿起书桌上还未完成的笔稿急道，“就是因为它啊！快走吧！再不走就来不及了！”

郭抿唇坚定地说道：“不，我不能走，也不愿走！”沈：“郭兄，糊涂啊，你快走吧！”郭坐到凳子上，不语。

不久后，《危害民国紧急治罪法》颁布，以文字、图画或演说为“叛”国做宣传者处死刑或无期徒刑……

——李旭东

大革命失败后，国民党大肆捕杀共产党人，白色恐怖笼罩全国。

A同志慌慌张张跑进来：“大事不好了！”B同志：“怎么了？别着急，慢慢说。”A同志：“国民党大肆捕杀共产党，咱们怎么办？要不咱跑吧。”B同志气愤地拍桌子道：“懦夫，现在正是党需要我们的时候，我们怎么能当逃兵呢？”“对，中国共产党是不会被吓倒、被征服的。”C同志附和道。

“对！”

一些追求进步、向往真理的进步青年，在危急时刻仍义无反顾地拥护着中国共产党的领导，在黑暗的年代，中国共产党高举起反帝反封建的旗帜。

——楚景婷

1933年3月，红军取得了第四次反“围剿”的胜利。在某村子里，乡亲们正在热情迎接取得胜利归来的红军战士。

乡苏维埃李主席紧握红军刘大队长的手激动道：“红军又打了胜仗！辛苦了，刘大队长！”

刘道：“不辛苦不辛苦，没有群众的支援，我们红军怎能打胜仗？这次我们虽胜利了，但我们会时刻提高警惕，不断壮大红军的力量，才能保卫人民、保卫家乡。”

李道：“说得好！我们会一直支持红军的！”

——王巧云

我们学堂有一个早就废弃的木屋子，不知为什么，市里来了人，好生修葺了一番，还立了一块石碑。写了什么呀？

……

阴森的牢房传出柳条断裂的声音。

“快点招供，其他共产党员在哪里！”

只听得那火枪一响，特务应声倒地。

“同志，快同我离开这里，我们的革命还需要你！”

那位“同志”的脸渐渐模糊，竟成了我们那老校长的脸，在朝着我微笑……

哎呀！太阳已经那么高了，要迟到了！

——厉云路

1931 年 5 月的一天，在海南省琼海市万泉河畔一个椰林环抱的小山村里，100 多名穷苦的农村女孩为反抗封建压迫、争取男女平等，在共产党的领导下勇敢地拿起了枪！

她们不怕牺牲，英勇杀敌，为琼崖革命立下了不朽的功勋。

在沙帽岭战斗中，反动民团认为娘子军不是他们的对手，狂妄地说道：“都是女的！给我冲上去！谁抓到就给谁当老婆！”

敌人蜂拥而至，谁知不仅美梦未成，反而掉进了埋伏圈。

不幸的是，娘子军遭到国民党正规军围攻，最终喋血马鞍岭。

——龚莉

“报！前线传来消息，起义又失败了！”一名小兵匆匆忙忙闯进屋内。

他皱皱眉头，若有所思道：“应该是一开始的道路选错了。”

“可苏联就是这么走的，难道说他们也是错的？”有人反驳道。

“吾爱吾师，吾更爱真理”，他坚定地说，“我们是时候好好考虑咱们中国自身的情况了。”

——李硕

“同志们，咱们坐下来歇歇吧。”王班长回头看了看身后，一个小战士嘴唇发白，看样子饿得不行。

王班长坐下，从挎包中掏出了仅剩的小半条皮带，顺势抓了一把土填进挎包，然后对小战士说：“我这还有点皮带，小邹啊，你将就将就吧。”

小战士犹豫：“王班长，这……”

王班长微笑着说：“放心，我这包里还有些。”

看着小战士嚼着皮带，王班长心头一酸，他想，等解放了啊，真希望全国人民都能吃上香喷喷的大米饭。

——丁瑜

傍晚，小村旁来了一队大兵，尕娃和村里几个年轻人跑去看。

深夜，尕娃回到家里，跟年迈的老爹说：“爹，我要去当兵!”老爹一口否决：“不行！不准去！好男不当兵，好铁不打钉!”尕娃还想继续说服：“爹，我……”老爹铁着脸说：“说了不行，你就在家里好好种地、喂猪！来年娶邻村阿花!”尕娃沉默不语，眸子却在夜里发亮。

第二天，天还没亮，大兵们就走了，而尕娃的屋里只剩下冰凉的被窝!

——刘天洋

我们筋疲力尽地挪着蹒跚的脚步，艰难地往山顶爬去。眼看着就要爬过这座雪山，抬头一望，又是无垠的山头。

天色逐渐变暗，前面的部队停了下来，估计是要驻地扎营了。

旁边生起一堆篝火，小汪靠在我身边，缩成一团，在火堆面前取暖，眼睛一直注视着风中摇曳的火心。

我突然想起一路走来的同乡战友，老贾落在了泸定桥，小樊长眠于雪山脚下……

等我回过神来，发现小汪还在目不转睛地看着旁边的篝火。

——姚成秀

我是任家的小女儿，我热爱生活，渴望爱情。可是，大姐和二姐的遭遇让我不敢前行。

大姐是金家的童养媳，卑如下人，整日哭泣。二姐嫁于门当户对的郭家，却受尽冷眼，忍气吞声。

我怕！我怕命运的捉弄！忧心忡忡，愁眉不展。直到那日，大娄山旁，乌江江畔，琼枝玉叶，银装素裹，我与龚先生相遇了……

附注：任、金、郭、龚分别代表人民、清政府、国民党、共产党。乌江江畔位于遵义。

——张雨芊

1927 年第一次土地革命后。

深夜，站岗站得有些乏了的士兵向身边的战友借火：“兄弟，听说在共产党地盘的农民都分到了自己的土地，可是真的？”

扛着抢的士兵一边把玩打火机一边叹气：“可不是，咱们当了这么多年的兵，出生入死的，到头来却敌不过个农民。”

不知是想到了什么，抽烟的人猛地被呛得咳嗽了一阵儿，末了，声音颤抖地说：“要不……”他左右瞥了几眼，小心翼翼地开口，“要不咱们俩也去共产党那儿？”

正点火打算也来口的人瞬间失了动作，不由得猛地咽了口水，有些僵硬地扭头看了看四周，摇曳的火光衬得他的眼睛亮得吓人：“好！咱们连夜就走吧！”

——熊志

看着累倒在地上的战士们，队长不忍道：“我们这些同志一天一夜赶了二百四十里，才按时到达泸定桥的西岸，今天我们还必须得夺下这桥头，打开北上通道，真是辛苦大家了！”

副队长气愤地说：“国难当头，老蒋居然还在搞内乱，真是无药可救！”

队长无奈地摇摇头，对着大伙说：“大家加油，现在正是国难当头之际，保卫祖国就是保卫我们的家人，打完这场仗大家就可以好好休息会儿了。”

“好！”大家振作了精神，收拾了装备，准备继续出发！

——蔡雨杨

编辑心语：

何为微小说？在没有做这本书的编辑之前，我和大多数人一样，在心中都只有一个模糊的概念。一篇小说需要有人物、有故事，而微小说，自然也是一样。本书中的微小说是以历史为背景，通过一个个生动的小故事，让我们更加了解当时的情况。

微小说的修改过程要求我们编辑熟悉当时那个历史时期发生的事件。这对我们编辑是一种考验，而从另一方面来说，微小说的修改能使我们更加了解历史并且促进自己写作、思考的锻炼。

“中国革命新道路”这一章主要讲述四个重点：(1) 国民党独裁统治的实质和中国共产党反对国民党反动派统治的斗争的正义性；(2) 中国共产党人探索农村包围城市新道路的艰辛实践和理论，“左”倾教条主义的表现、根源和危害；(3) 遵义会议和长征胜利的意义；(4) 其他党派的政治主张。本章的微小说主要是围绕这四个主题来展开，但大部分的微小说是写共产党在这一时期所遭遇的挫折，在曲折中的蓬勃发展历程，写尽了这一时期的共产党人“一世忠贞兴故国，满腔热血沃中华”的艰苦奋斗精神。

共产革命一声响，熠熠中华再生辉。这大概是我们修改本章微小说获得的最深的感受。总而言之，修改微小说让我们了解到编辑工作的不易，也为我们以后做这类工作提供了相应的经验，这是一次难得的锻炼机会！

第六章
浴血沙场扬赤帜　献身华夏败东洋

狼烟战火暗卢沟，浴血群英壮志酬。
欣望潇潇风雨后，雄狮镇日啸风流。

——魏秀琴

〔本章梗概〕

中华民族的抗日战争，从1931年九一八事变开始算起，至1945年结束，共计14年。抗日战争是中国人民反抗日本帝国主义侵略的正义战争，也是中国近代以来抗击外敌入侵第一次取得完全胜利的民族解放战争。本章采录的微小说，从不同侧面反映出中华儿女众志成城、共御外侮，为民族而战、为祖国而战、为尊严而战的事迹，谱写了他们惊天地、泣鬼神的爱国主义颂歌。

这是一支长长的队伍，队伍里的人都衣衫褴褛，憔悴不堪。没错，这也是一支逃难的队伍。

9 岁的小虎穿着破烂的衣服，艰难地行走着。

“我们要走吗，要离开东北吗?”小虎天真地问。

“嗯，我们得赶紧走。”爸爸头也不回地向前赶路。

“我们去哪里?”

“去关内，那里没有鬼子。”

“我们不回去了吗?”

“东北被鬼子占领了，我们不能回去。”

“那我们的军队呢?”

“跑了，没打一枪就跑了。”

小虎呆呆地望着北方，那里是他的家乡。

突然，小虎跺脚说：“不，我们一定会回去的！我要带着枪把那些鬼子全撵走!”

——胡旭东

1932 年 4 月 29 日，这天在上海虹口公园举行盛大仪式庆祝裕仁天皇 31 岁生日的日本侵略军中，谁也没想到会有一枚自制高爆炸力炸弹被投掷到主席台上，造成 7 人重伤。

一个月后，报纸刊登了日军司令白川义则死去的消息。

与此同时，得知此事的另一人则十分平静，自言自语道：“上次在沈阳是你运气好，可你最终还是死在了我手里。”

附注：民国第一杀手王亚樵，人们都知世人怕魔鬼，但魔鬼怕王亚樵。蒋介石一提此人，假牙就发酸；戴笠听说此人又露面了，第一反应就是检查门窗是否关好。连上海滩超级恶霸黄金荣、杜月笙一类流氓泰斗遇上王亚樵，也得赶紧绕道走。王亚樵曾在沈阳刺杀白川义则，未成功。

——贾嫣然

烟雨霏霏，十月飘雪。

我站在窗前，看着这飘雪的季节，心中五味杂陈。“我泱泱大国岂容他国觊觎！”我怒斥道，“蛮夷不驱，将永无宁日。”

“大哥我和你一起去。”堂弟一脸正气地说。

“你要想清楚，为国家选择这条路，就放弃了你现有的安稳生活。”我喃喃道，“你还年轻。”

“我早就想好了，人生不过数十载，为国，我何惧?”

夜深，人静。雪更大了，像要埋葬所有生机。

我和堂弟奔赴前线，炮火声撕碎了整个天空，也撕碎了他。

“清明时节雨纷纷”，我在坟外，堂弟在坟内。

——陈大志

兴旺村有一破落户，牛二，独居。村里人说他胆小木讷，住在村子的角落，没人关心他每天在忙些什么。

这一夜，牛二家中突然闯进一人，浑身是血，当场昏迷。牛二看了一眼，是他!

牛二急忙把他扛到牛棚隐秘处。鬼子挨门搜查，扛枪来到牛二家，刚踏进牛棚，便头中一砍刀，血尽而亡。

牛二放下刀，转身，见那人清醒过来，激动地叫道：“队长!”

那人看到眼前的一切，张口道：“牛二，你刀法还是这么准!”

——杨洪娜

“孩子，叔叔和你玩捉迷藏好不好？你躲到那堆废墟里，不要出声。”

身后日军的枪声越来越近，惨叫声越来越凄厉，哪怕牺牲我自己，也要保护住我们的孩子！我为了引开日军不断奔跑，石头磨破了我的脚，汗水浸湿了我的衣，但我仍无所畏惧。

突然前面一缕缕光打在我的脸上，呐喊声越来越震撼！我抬头，那是八路军来了！

——卢雪莹

晚饭时，他吃得比平常慢。饭后，他待在房里踌躇半天，终于拿起了笔。

次日，他已不在房中，只剩桌上用茶杯压着的一封信：“父亲，国难当头，匹夫有责。望父母身体健康，儿不孝。”

几年后，他已是某部队的团长。他还记着那日他拆开信，上面写着：“家中一切安好，勿念。有子如此，父甚慰。”他流下久违的眼泪。

自此，战场风霜，男儿无泪！

——郭静

“我……我要离开家里了，你以后就和哥哥他们一起生活吧，帮我好好照顾父母，很抱歉。”

“你要去哪？世道这么乱，为什么要离开我们娘俩？”

“家里有哥哥在，我要去参军，去打日本鬼子。不要担心，我还想看我们儿子长大以后的样子呢！就是为了你们，我也一定会活着回来的！”

……

“这么多年了，我一直等着，等着你兑现承诺的那一天。可惜，我再也等不到了……”

“母亲!”

老妇人慢慢闭上了眼睛，陷入了永恒的沉睡……

——罗乃容

那是一个凉飕飕的晚上，韩文青正在自己卧房里读书，突然听见远方隐约的枪炮声。

韩杰摸摸女儿的头：“这些日本人又在闹事。要不是我们在法租界，这日子也是没法过了。你马上就要去美国读书了，这样也好，家乡太乱了。青儿，你要努力深造，学好功课!”

“你别担心，爸爸，姑父（蒋介石）他们肯定不会坐视不管的。就算不在你们身边，我也会好好学习的。”

一家人望着远方，都沉默了，各自都有心事。

——李凤逸

这天，寒风凛冽，滴水成冰。

满天的传单在街角巷口飞扬，那位意气风发的学生正在街头进行铿锵有力的群众宣讲，成千上万的学生在大街上游行，他们高呼着“停止内战，一致对外”的口号。

越来越多的人跟着他们的队伍，不料却遭到警察的殴打与追捕。他们深刻意识到，北平之大，竟无法安放一张安静的书桌。于是他们不顾军警的镇压与殴打，依然坚决地喊出那激情昂扬的口号：“为复兴中华奉献出自己的一份力量!”

——随焱焱

1937 年卢沟桥上，一座泛着青灰色光芒的石狮子安静地坐着。

它历经不知多少朝代的风风雨雨，承载了太多的历史记忆，它太苍老了，甚至已经记不清很多事了。

然而今天晚上所发生的，却是它永远也不会忘记的。

一群野蛮的外来人手握着枪炮，在它面前肆意地逞凶。战士们依傍在它身上奋勇抵抗，热血迸溅它一身，青灰色也成了血红，古老中带着一份凄凉与悲壮。

它怒视着，闷声咆哮着，它高傲的灵魂是绝不会屈服的。

——蒋小涵

月光下，远处桥边的石狮子静静地向人们诉说着它的沧桑。

“报告旅长，日军称在我宛平城周围演习走失一名士兵，要求进城搜寻，被我拒绝。日军便在外集结部署，有向我军进攻的迹象。”

“密切关注日军动向，决不许日军进城，如其以武力进犯，则坚决回击。我军将士守土有责，绝不退让。放弃阵地者，就地正法!”

“是，我部定当不负使命。坚决执行命令!”

——徐霖

是夜，无云，冷月似刀，直刺人心。

大金伏在树旁，没有丝毫凉意，却浑身紧绷，手心冒汗。

无怪，河的对面，可是足足八个师、四万人的伪军，在日本人的控制下，乖得和狗一般。

“呸!”大金气不过，村里打架向来只帮亲的，他实在是打心眼里鄙视这帮叛徒，手又不自觉地摸了摸身边的枪。崭新的汉阳造冷冰冰，是否也在渴望着敌人的热血……

夜，静悄悄。宛平城陷，中国哀号。

——穆文栋

夜里的赵洪都村显得格外寂静。

在院子里，伫立着一个男子。他久久地望着院中的桂树。

忽然，屋内传来一声啼哭，他快步走入屋内，抱起摇篮中的婴儿，轻声哄着，婴儿逐渐止住了呓语，安然睡去。

身边的妻子揉着眼睛醒来，眼睛有些湿润。二人相顾无言，只听得远处传来的狗吠声。

良久，妻子垂下眼眸："你何时走？"男子的手一顿："明日吧，近来日军蠢蠢欲动，北平不稳，宋军长急召我们回去，更何况……"他欲言又止。

"那你何时回来？"妻子抬头看着他。他没有立刻回答："我记着你爱吃桂花糕，回来后我亲自做给你吃吧！"妻子点了点头，有些欣喜。

第二天清晨，男子背着行李，跟妻子告别："回去罢，孩子约莫要醒了。"她点点头。男子深深地看了她一眼，转身离开。妻子望着他远去的背影，红了眼眶。

两个月后，卢沟桥事变。消息传来，她望着院中的桂树，很久很久。

——林娟

"嘭，嘭，嘭……哒哒哒，哒哒哒哒哒哒……"这注定是一个不平静的夜晚。

"兄弟们，撑住啊！千万不能让日本鬼子得逞了！誓死守住卢沟桥！""连长，这些小鬼子早就对我大中华图谋不轨了，竟然拿这个理由来对我们开火！"一个士兵怒吼道。

几小时后，"连长，我们撑不住了！敌人的火力太猛了！""说什么丧气话！撑不住也要撑！就算是死，也要咬下小日本的几块肉。"奈何日本军队装备太先进，打得我方节节败退。连长虎目怒睁，眼中满是愤怒与不甘。

“报告，卢沟桥失守了！”一颗子弹射入胸膛，连长缓缓倒下。那睁着的眼中满是对祖国的担忧。

——宗斌

那时他们正值年少，意气风发，思想的风暴席卷而来之时，他们怀着一腔热血，渴望建功立业，希望民族振兴。

他说：“我要走出去，这样才能客观地知道好与不好。”

他说：“好，我等你回来。”

20年后，华北一声枪响，让原本就紧张的局势更加恶化。

他举头望月：“你怎么还不回来？你可知道，我快要坚持不下去了。”

后来他被派镇守上海，而他还是没有回来。

时间在枪炮声中一点点过去。

最后，他倒在卢沟桥上：“你怎么还不回来？这次我是真的等不来你了。你……还回来吗？你还记得我在等你吗？你还记得我们的祖国吗？”

——朱文娟

“主席您好，这里有您的来电。”

……

“国民党终于要求和共产党一起去抗击日本鬼子了，看来，他们终于还是走上团结抗日这条路了。”

“只要是中国人，流着中国人的血，就应该保卫中国的土地！”

“好，这次我们一定要斩草除根，把日本鬼子赶回老家！”

——颜大为

“又见面了!”

“都到这一步了，杀了我吧，对我们都好!”

“不行，这得听上头的安排。”再说，二狗哪里下得了手，老王可是他最亲的兄弟啊!

二狗加入红军，老王晚了一会儿就被进行围剿的国民党抓了去当壮丁。从此兄弟二人只能在战场“相见”。

二狗说:“四年了，我们走到哪儿，你们打到哪儿! 鬼子在一旁大肆杀戮，村子早就被日本人占领，现在连家都没有了，结果还在这儿打来打去! 哎，这样的日子什么时候才是个头啊?”

几天后，国共第二次合作的消息传了过来，老王被放了。

“终于不用自相残杀了!”

“是啊，老王，以后咱俩一起打鬼子，把那帮畜生赶走! 我们的国家由我们一起来保护!”

——张展荣

“奶奶快看! 是不是国军共军又要打仗啦! 我好怕呀!”小男孩捏着奶奶的衣角，望着远方来来往往的军人。

老人摸了摸男孩的头，轻声地说:“现在国共已经合作，建立抗日民族统一战线了! 中国人不打中国人!”

“中国人不打中国人!”小男孩抱着奶奶的腿，开心地笑了起来。

——申昌璐

1937 年 9 月 24 日

新兵:“连长，没给我发枪啊……”

老兵:“战场上自己拿!”

新兵:“我们拿刀怎么打?”

老兵："你身后是你的父母妻儿。"
新兵不语。

1937 年 9 月 25 日
新兵："连长，你怎么样?"
老兵："还能浪费鬼子一颗子弹。"
说毕，枪扔给新兵，他拿刀冲出砍死两个鬼子……
新兵上膛，开枪。

1937 年 9 月 26 日
平型关大捷震惊中外。

——吴佩霖

平型关北。
"坂田大佐，前面阻击我们的八路已经被击退了。"
"嗯，大日本帝国是不会失败的，前进。"
……
"报告，鬼子朝我们根据地进军了。"
"按照计划，准备伏击敌军。"
……
硝烟四起，枪炮声不断。
"大佐，我军损失惨重啊!"
"该死的八路，快撤。"

——文海铭

"咚咚咚"，二狗被一阵敲门声惊醒。他睁开蒙眬的睡眼望着窗外，他猜不出是什么时辰，只约莫觉得天亮还早。作为六里石村的村民，他当然知道这是吴队长叫人去台儿庄送补给、抬伤员。

“咚咚咚”，还是响个不停。二狗陷入了沉思：“这一周鬼子猛攻，国军死伤大半，现在正在庄里拼刺刀呢。人员不足啊！”忽而又抬起头来，目光炯炯，转头望了一眼熟睡的狗蛋，然后朝着血红的朝阳走去……

——李任

老人来村子里是向地主家借粮食的，年年战乱，收成也不好，百姓早已没了口粮。

村庄里起雾了，老人颤巍巍地在路上走着，临近年关，本该热闹的村庄今日却出奇地安静。远处忽然传来“砰砰”的声音，倒是热闹得很。老人不觉加快了脚步，离地主家越来越近了，却闻到了奇怪的气味。

他没有多想，继续前进，正准备推门，远处一发子弹飞过，“嘭”的一声，老人倒下的身躯撞开了地主家的大门。

雾越来越浓了，最后竟泛起了血色，村庄也渐渐沉没在一片火光里……

——李玉勤

南京，日军入侵了小月的家。

随后，日军开始了惨无人道的暴行。

大部分官员提前得到消息，早已撤出南京城，留在城中的大多是平民百姓。

大家躲藏了几日后，没有等到救援，开始了对日军暴行的反抗。

小月期待着反抗的成功，希望早日结束这样的日子。但是，小规模的反抗很快就被镇压了。

小月目睹了很多死亡，和她一起躲藏的人越来越少了。

终于，她熬不下去了。她知道等不到救她的人了。她宁愿自杀，也不想这样苟且偷生。

——音子昀

1937年12月，太阳依旧高悬在南京的上空，白亮的光线刺得人睁不开眼睛，黏湿的空气中弥漫着令人作呕的血腥味。

大地早已是一片狼藉，日本人的军火摧毁了一切有生命力的东西。

河边，白增荣和梁廷芳伏倒在地，失神的眼睛里布满血丝，昨日死里逃生的情景恍如隔世。“白兄，还好吗?”“嗯，还留一口气。”

“蒋委员长将首都迁至重庆，不管百姓死活，让日本人在南京肆无忌惮，我们有多少同胞惨死在他们的刀下!”梁廷芳忍着伤痛愤慨地说。

“哎，梁兄又何必再说呢！他们这些官吏什么时候在乎过我们百姓的生死!”“哎，也罢，只有我们两人活了下来……我们的家人……”梁廷芳道。

两人相视苦笑，连同周围的空气一起陷入了死一般的沉寂……

——王晓琳

——“你不能去，你去了这个家怎么办，娘怎么办!”

——“可我不只是娘的儿子，我还是国家的儿子!”

伴随着呜呜的风声，空荡的田野上传来这样的对话。

兄弟二人面对面站着，一个面红耳赤，一个青筋暴起。显然刚刚经历过一番激烈的争吵。

即使这样，他们彼此的眼睛却仍死盯着对方，谁也不肯让步。

忽然其中一个转身就走，但立刻就被一个急切的声音叫住了：“弟，你干啥去?”

"我也是祖国母亲的儿子，我要和你一起上战场！"

那是1937年的冬天，那个冬天格外冷，心却特别暖。

——张然

夜深了，小夏老师看了看快要燃尽的油灯，再看了看手中还未批改完的词语本，情不自禁地露出了一个甜甜的微笑。

她站起来伸了伸懒腰，又继续坐下来认真地批改着。忽然，她发现一个田字格本里，夹着一张字条，上面用歪歪扭扭的拼音写着："亲爱的小夏老师，您真的是个大好人，您对我们就像妈妈一样，让我想到了我的妈妈，我真的很想她。"

看着这几个字，小夏老师不禁再次庆幸自己的选择。

三个月前，这个柔弱的女孩子，从北京来到这个叫草庙的小村庄，用自己细细的嗓音，每天一字一句地教着，教这些父母在南京大屠杀期间牺牲，靠当地游击队收养的孩子们。

她在广播里听到这些孩子的情况之后，立刻告诉父母，自己要去帮助这些孩子。从那之后，这个柔弱的女孩子，用自己坚毅的臂膀，撑起这群孩子的天。

——周莲月

滹沱河在山里昼夜奔腾，东西北三面的炮声叫嚣着。

"明天我就要去大部队了！"

女人手指颤动了一下，低下头："你总是那么积极，可是……"

"打走了鬼子，我便回来。"

……

"还没回信？"

"没……可能是太忙了吧……"

“这都三年多了，一点音信都没有，这家里……”

“快了吧……”女人听着远处隐约的炮声，淡淡地说。

附注：滹沱河，俗称葡萄河，发源于山西省繁峙县，东流至河北省，与滏阳河相汇流入渤海。

——孙柳

眼看着鬼子就要打进村了，村里的人慌了。

当家的说：“大不了和他们拼了！”但当他转身看到自己心爱的妻子和嗷嗷待哺的女儿时，眼中闪过了一丝退缩，忽而又想，活在这世上，即便再不舍，作为村子里的男人，拼了命也要拖住鬼子。

“鬼子们的刀枪可不是长眼的，别想在他们手里留下活口，你们母女俩先找个地方躲起来，等过了晌午，我就去找你们。”当家的说。

“可是……”

“放心，等村里的女人孩子都安顿好，我们就逃走，用不了多久的。”

虽然这么说，他心里面可清楚得很，唯一的活路，留给了女人孩子，自己可能根本没机会逃走了。

离别前，他看了一眼女儿，可惜这一别可能再也无法知道女儿长大以后的模样了。

——徐坚

王二狗家里有三个兄弟，老大在战争中牺牲，老三由于饥荒而死，家里就只剩二狗一个男丁。

好日子没过两天，小日本鬼子进村了。村长开始号召男丁入伍，二狗义不容辞地加入了队伍。

家中老母，侧卧长椅，看着正在收拾行囊的二狗，潸然泪下，感叹道："儿子，也是国家的儿子！"

——宋晓萱

面前的这块墓碑已经陪伴我三天了，而今天我就要走了。

"娘，儿今天就要走了，儿要和那群叔叔一起去打鬼子，儿向您保证，一定会给您报仇的。"

"娘，对不起，那天鬼子进村的时候，其实我远远地看见了他们，可是我害怕，我就拽着妹妹，一路跑到屋后的山洞里躲了起来。其实当时我也想过从山洞里出来找您，可是儿太懦弱了，没敢回去。"

"娘，您放心，儿子以后不会再懦弱了，儿子一定会手刃那帮鬼子，替您报仇的！"

——张美玲

"冲啊，杀死鬼子们！"一位黝黑大汉对前方瘦弱的青年喊道……

瘦弱青年转头，满脸泪痕，突然转身逃跑。

大汉怒喊："胆小鬼！"

然而忽又见青年冲向大汉，与大汉身后偷袭的日兵同归于尽……

大汉愣住，哽噎难抑，怒吼着举起步枪冲入鬼子中。

战地传来消息，"我们胜了！"

大汉扛着青年，满身血污，走向营地，鲜红的血，化成了那日当空的彩霞。

——章蓉

几天后，鬼子准备撤退，打算把抓住的中国人枪杀。

在枪杀中国人时，鬼子把她捆到现场，让她观看他们的杀人表演。她看着鬼子们的兽行，咬着牙，内心难以平静。

凄冷的夕阳照着斑驳的城墙，照着地上血淋淋的尸体。鬼子解开她身上的绳索，让随军的日本记者拍照。她活动了一下被绑得发麻的双臂，笑了，这笑容里包含着什么？是无奈，是不甘，是绝望，却也是希望。

她，就是抗日英雄成本华。

——祁基

不能出声！

我不断地告诉自己，嘴唇几乎被自己咬破，还是抑制不住想嘶吼的欲望。

蜷缩在空空的米桶里，脑海中反复响着母亲清晰的告诫："孩子，躲在这里，不要出声！"

母亲却转身拿起刀，迎向屋外的日寇。

外面的世界，呼号声、枪声不绝，而我在米桶内，苟延残喘。

想到母亲最后望向我那饱含着太多话语的眼神，我紧握的拳头不住地颤抖，脑中好像有一道白光闪过，霎时间我突然控制不住自己紧绷的身躯，猛地站了起来："我和你们拼了！"

——陶晓涵

二狗艰难地从床上爬起，环顾四周，发现自己正处在一个破旧的草屋之中，床边坐着一位老者。

"这是哪？"他用虚弱的声音问。

"这是我家，我在林中发现的你。"老者应和道。

冷静下来后，二狗想起昨晚恐怖的一幕，游击队与鬼子意外遭遇并交火，装备的差距使游击队被迅速击溃。黑夜中，他没了命地跑着，多处中弹的他不知自己何时会倒下。

他又想起昨晚一个个倒下的战友，噙着泪，咬牙切齿：“我一定要让鬼子们血债血偿！”

——叶道春

孙中山先生铜像的献金台被围得水泄不通。

献金台后面，来自东北的“孩子剧团”在唱《松花江上》，声泪俱下。路人纷纷捐款，其中有一位60多岁的大爷要把自己的寿材卖了去献金。

儿子不同意，说：“等你百年之后，我们怎么办？”

老爹爹大发脾气：“日本人都打到家门口了，祖国沦陷，我亦死无葬身之地，还谈什么寿材？我死后用芦席一卷就可以了。你听我的话，卖掉棺材就是对我最大的孝了，不卖就是不孝！”

——张起东

一天，在常州驻守的军官接到上级命令，务必要联合附近的军队，进攻丹阳的日军，并任命他为总指挥。

一天夜里，他带领军队夜袭丹阳城，很快便打进城。

这时，他接到线报，一个小队发现日本人征来的慰安妇，其中还有一个女子挺着大肚子。军官本来想营救这些人，但随后，又探知日军已经下令杀掉了这些“失贞”的妇女。

后来他回到了家乡，见老母还在，而不见妹妹和妹夫的身影。

老母痛哭流涕地告诉他，日本人把妹妹抓去丹阳了，说要吃婴儿肉，妹夫也被杀了。

他听后，仰天长啸，痛哭流涕，“妹妹，哥哥对不住你啊！”

——石兵

深夜，星空璀璨。汉阳造，白色绷带。呼吸声、心跳声依稀可闻。

“这边，看看还有活着的没”，几个日本兵走了过去。

他呼出一口气，移动着僵硬的身体，翻出壕沟，手掌颤抖着，鲜血从指缝间汩汩流出。

“让我再救一个!”他猛然转身，眼中是无尽幽深的黑夜，臂膀上红十字印记染红了月色。

——李昊洲

一个少年，他曾经是医科大学最优秀的医生。但现在，他殷切地希望自己不是这样的。如此就不会面临这种两难的选择：一边是国家，一边是家人，哪边他都无法舍弃。

但终于，一件事的发生让他下定了决心。1939年11月，一名加拿大医生白求恩在抢救八路军伤员时被感染，为中国人民的解放事业献出了生命。

一个外国人尚且能有如此的担当，身为一个中国人又怎能退缩呢?想到这里，他不禁攥紧了拳头。

——邹心怡

长沙已经笼罩在战争的阴霾中。

火车站十分拥挤，列车在滚滚浓烟和凄厉的汽笛声中停靠，乱糟糟的人群挤成一团，呼儿唤母的声音响成一片。

正好有一列满载伤兵的列车停站，救护人员迅速转移伤员。

最后，从车里抬出一些已经死在路途中的重伤员，他们还没有到达医院就已经流完了自己的最后一滴血!

不知是谁喊了声“敬礼”，在场的所有军人，都一起举手敬礼，在悲壮的军乐声中注视着这些先走了的重伤员。

——李洁

听我讲一个故事，先不要问我是谁，讲过之后我再告诉你。

那是一个烽火连天、苦不堪言的年代，我亲眼见证了抗日英雄杨靖宇最后的辉煌。

当时是抗战最艰苦的时期，天气冷得吓人，棉衣稀缺，而敌人装备精良。为掩护各队转移，杨司令带 3 000 人正面迎敌，没有食物，只能吃难咽的树皮。身边的战友都倒下了，他硬是独身一人扛了五天五夜，宁死不投降。日本鬼子剖开他的腹部，完全骇然了，支撑这位铁骨铮铮汉子的，只是一些枯草、树皮和棉絮。

故事讲完了，我是杨靖宇将军头上的一枚帽徽，我有幸见证了他令人动容的爱国情怀。但谁都不知道的是，在那五天五夜里，除了躲避敌人外，他做得最多的，是取下帽子，反复多次地擦拭我、看着我……

——王丁卉

冬季，张自忠带领部队大练兵，连日大雪，天寒地冻，许多士兵产生了畏难情绪。

有一天，张自忠将全营官兵集合起来，大声问："下雪天敌人进攻怎么办?"

士兵们齐声回答："抵抗!"

张自忠接着道："现在下了一场雪，你们就不想操练，还谈什么打仗？我们当兵的，第一条就是不怕苦。现在，大家都把棉衣脱了，跟我一起跑步!"

说完，他脱了棉衣。全营官兵都愣住了，也纷纷脱下棉衣，跟在张自忠身后，在雪地上跑步。

——翟瑛丽

1940 年 2 月 23 日下午，由于叛徒出卖，杨靖宇在蒙江县（今吉林省靖宇县）被几百名日伪军包围。

日军劝他投降，可他依旧面不改色，用手中的枪不停地射击敌人。激烈交战20分钟后，一颗子弹命中他的左腕，“啪”的一声，他左手的枪掉在了地上，但是他仍继续用右手的枪应战。可终究还是难敌敌军人多势众，下午4时30分他不幸壮烈牺牲。

日军侵略者剖开了他的遗体，发现他的胃饿得变了形，里面除了尚未消化的草根和棉絮，连一粒粮食都没有！壮士喋血，为民族争气，残暴的侵略者也为之震惊和折服！

——余涛

1940年，18岁的他被迫放弃了挚爱的绘画，坐上了远渡中国的轮船。短暂而又漫长的30天，他似乎已经失去了自我，他觉得自己变成了一个没有血肉和生命的杀人机器。端着刀枪，麻木僵硬地行进着。看着身边身着军服、狞笑着杀戮的同伴，他感到恶心、心痛、耻辱。

这个刚遭到炮火蹂躏的村庄已面目全非。他走到一个倒在血泊中的小男孩面前。男孩早已没有生命的迹象，手里攥着一支笔，不远处有一张沾满血迹的画纸，上面是一个未画完的圆。他开始干呕，仿佛呕出了灵魂。他颤抖着拿起了画纸和笔，举起了手枪……

他躺倒在男孩身边，画纸上的圆变成了一个太阳。希望你我的国家和我们的世界，都能够永远看到明天的太阳。

——刘雨阳

1940年8月的某一天，石家庄附近一支小部队正在扎营。

队长坐下，二狗上前说道：“叶队长，咱们真要出头打小鬼子？”

“我从不说空话。”

“但鬼子又盖土楼又拉铁路，就凭咱们打得过吗？”

大汉敲了二狗一脑门，厉声道："怕什么！我就喜欢对自以为有能力的日本鬼子出手！"

老王插道："对！大不了拼了，只是可怜了我媳妇和老母……"

二狗不语。

——操明亮

1940年秋，我军某部队突出包围圈，炊事班与大部队失散。

与敌部迂回七日，第八日，粮绝，仅剩一小袋炒米。

炊事班仅剩三人，老班长、一个大个子、一个小个子。

老班长："大个子把这袋炒米吃了。没吃的，跟着我去南面打枪，吸引鬼子；吃了的，从北面出去找大部队救我们。"

小个子："班长，让我吃吧，我个头小，跑得快。"

老班长："别废话，你跟着我去南面打枪去。"

……

数十年后，一位大个子将军在曾经被困的地方，立了一块碑，碑上铭文：革命烈士桂立青父子之墓。

——李栋松

川子是一名爆破手。

他用小本子记录参与爆破的次数，他想着应该用不了多久就能返乡。

某日。

"队长，日军的炮楼在斜坡上，难爆破啊?"一士兵报告。

"我不下地狱，谁下地狱!"他呢喃。他匍匐前进，在枪林弹雨中把炸药包送至炮楼半腰，爆炸时转身隐蔽。

"轰"，敌人倒下的炮楼变成小本上的一横，川子笑了，恍惚间看见自己一直想要回到的家——那里没有喧嚣，只有阵阵欢笑……

——顾孟雪

“轰……”村外传来炮弹的声响。

“狗蛋，鬼子快来了！”

“我这就去收拾东西，我们连夜跑，跑西边去，那里安全！”

“你在说什么？跑？能跑哪里去？村里人能拿刀拿枪的都加入了游击队，就算死了，也是英雄！”

“可是我怕。”狗蛋带着哭腔道。

“都是死，你是愿意捅死几个日本人再死，还是等着被他们捅死？”

翌日，二狗和狗蛋拿了菜刀、锄头，头也不回地向炮弹声响传来的东方跑去。

——徐家杰

一阵铃声响起，先生瞥了眼窗外，缓缓叹了口气，放下手中的书。

“好了，今日就到这里，至于以后——”

“先生，真就如此吗？日军当真要强占学校？”

先生望着向他发问的学生，不忍应答，只说道：“以后，还是要读书。”

第二天，先生收到来自学生的信，纸上除了几行署名，就是赤诚的八个字：“国家有难，匹夫有责。”

“好！哈哈！”先生的笑声惊到了身旁的妻子，看到自家男人终于不再整日不欢，便笑着凑过去问道：“这是什么喜事，看把你乐得。”只看到先生不断念叨：“少年有志，国怎会亡？”

——杨延亮

7月7日，深夜。他接到命令，穿好衣服，正抬步向外走去。妻叫住他，问什么时候回来。

“不晓得。”他说道，“你莫担心，找到那个日本兵后马上就能回来。”

妻没有说话，只是他走后总觉得不安，在院子里来回走着。

50年后。小孙女问妈妈：“奶奶为什么还不睡觉？”

“今天是7月7日，奶奶在等爷爷回来。”

——张鹭

二狗当汉奸了！这个消息迅速地在村里传开。大家看到二狗带着媳妇小花在村里大摇大摆，眼神十分复杂。隔壁老杨在之前的一场日军扫荡中失去了大儿子，所以，他对二狗十分憎恶。

这天晚上，老杨摸黑进了二狗家院子，狠狠地说道：“好好的家，被这些鬼子弄成什么样！你还……”突然，屋里灯亮了，只听见小花劝二狗，说：“你成天在鬼子那里应付，看村里人恨你到什么样了。”二狗长叹一声：“为了革命，我愿意！”老杨呆了半晌，默默地离开了……

——齐若予

昏暗的破屋里，老爹坐在椅子上，翻看着前几日的旧报纸。

翠花慌张地冲了进来，拉着老爹的手说：“爹！不好了，日本鬼子打过来了，这会儿已经到山海关了！咱们赶紧收拾收拾离开！”

老爹一惊，报纸落在地上，问道：“怎么会这样？翠花，你哥不是在蒋介石底下当兵吗？”

翠花边收拾边说：“别说了，爹，那姓蒋的根本就没让他们抵抗，还没打就撤了，哥应该没事。”

老人松了口气，又感叹道：“怕是只有共产党，才能救得了咱们老百姓了……”

——徐莺乔

“报告将军，日本炸毁一段铁轨，反诬陷我军‘破坏’铁路，‘袭击’日本守备队，炮轰我军驻地北大营，我们要不要反击？”

“先慢着，忘了上头方针了？‘攘外必先安内’，共党才是我们的目标。”

“可是……”

“报告将军，日军分别向多地发起进攻，反攻吧！”

“再看看。”

“将军！”

次日，“上头电报说啦，日本不过寻常寻衅，我的决断还是对的。”

2月，中国东北全境沦陷，日军烧杀抢掠无恶不作。

将军泪流满面：“我错了，我有罪……”

——徐月圆

张振奇下定决心，组建大刀队夜袭鬼子营地。他从这些汉子面前走过。

突然停下脚步，他觉得面前这个士兵有话要说。

“叫什么名字？”

“刘万山。”

“你有什么话要说？”

“报告团长，我家里还有个老娘，我想我死后……”

张振奇望着刘万山的眼睛，蓦然作狮子吼：“军务处！”

“在！”

“把刘万山的话记下来，也把全体队员的要求记下。”

喜峰口战役，刘万山牺牲。

目击者说，他一人砍死七个鬼子直到军刀卷刃。

——刘凯旋

“大兄弟，你说俺们啥时候才能再回东北啊？”

“快啦！俺哥在东北抗日联军那儿传过来消息，他们那，正在对小鬼子进行最后的围剿呐，小鬼子没几天蹦跶了。终于要撤出东北了，咱俩很快就能回家啦。”

“哎呀，妈呀，十几年啦，终于等到这一天了！”

“可不咋地，小鬼子把咱东北给毁得差不多了，没关系，只要人还在家就还在！咱俩呀好好儿干，再挣点儿钱，攒点儿家底，准备回东北盖回咱们的房子，重建咱们的东北！”

——韩啸天

团长额上青筋乍起，焦急道：“小李，密码破译了没有啊？”

小李额上有汗珠滑下，双眼紧盯密码本道：“快了，团长。”

“团长，团长！破译日方一则电报！”小李的声音中透着喜悦与兴奋。

团长大喜：“哦？快念！内容是什么？”

“内容是……我不知道这场战争的意义何在，但这是帝国的命令，我只是看到了好多人死，我只想回家……”小李的声音越念越小。

团长听完，沉默了会儿，深深地叹了口气。

——余俊超

昨天夜晚，日本关东军炸毁柳条湖铁路，炮轰沈阳北大营，此时正在侵占沈阳。

“读书，读书，天天读这些书有什么用！爹，如今日寇入侵，百姓民不聊生，我中国男儿当上阵杀敌，驱逐敌寇，岂能坐在家中，摆弄笔墨，任由他人横行于我中国土地！”

“好，大锤，你能有如此壮志，爹甚是欣慰。你待会就去祭祖，然后就去参军吧，记住，我老黄家没有一个孬种！”

“爹，你放心吧，我定不辱门楣！”

——朱仁杰

编辑心语：

很荣幸能代表第六章的全体编辑们给读者写下这篇编辑感言。

本章是根据中国近现代史纲要课程的编写次序，收录了合肥工业大学和合肥师范学院部分学生创作的微小说，结合编辑们自己的一些理解，在合肥工业大学与合肥师范学院的两位优秀教师的指导下编辑而成。

1937 年，“七七事变”标志着全国性抗战开始。国共两党建立抗日民族统一战线，中共执行全面抗战路线，在敌后建立抗日根据地。国民政府在正面战场先后组织了淞沪会战、太原会战、徐州会战、武汉会战等战役。无数的中华民族儿女在年复一年的奋战中抛头颅、洒热血，他们以誓死不低的头颅向世界昭示：“中国人民不可辱！中华民族不可欺！”1945 年 9 月 9 日，日本递交投降书。抗战总计历时 14 年。

本章的微小说都是由在校大学生根据历史事实，结合自己的合理想象编写而来。每人以一篇几百字的小说表达当代大学生对祖国这段艰辛历程的铭记与对自己的鞭策。从字里行间，我们也能体会到同学们对国家的热爱和对中华民族传统美德的传承。

在编辑过程中，我们也曾遇到不少困难。毕竟我们都是在校本科生，但凭着一份对文学的热爱之情，毅然决然地加入了微小说编辑的队伍。现在编辑任务圆满完成，我们也长吁一口气，算是没有辜负师长的嘱托和读者的期盼吧。

限于编者水平，不妥之处在所难免，恳请读者批评指正。

第七章
壮志高昂征腐恶　五星闪烁定乾坤

烽火连天求自卫，旌旗十万聚农奴。
联衡多党燎原种，红色政权归大都。

——吕海鹰

〔本章梗概〕

中华民族的解放战争，从 1946 年 6 月国民党军队悍然发动全面内战开始，到 1949 年 10 月中华人民共和国成立，共 3 年多的时间。新中国的建立，实现了人民的解放、民族的独立，为中国人民集中力量进行建设，以实现国家的繁荣富强和人民的共同富裕，创造了前提，开辟了道路。本章采录的微小说，是解放战争的声声捷报，是新中国成立的振奋人心，是人民当家作主的欢欣鼓舞，展现了一幅幅绚丽多彩的历史画卷。

延安，某团。

卫兵一边给政委倒水，一边说道："这次国民党那些家伙怎么突然请主席去重庆谈判？这中间不会有什么幺蛾子吧？"

政委挑了挑眉，开口道："主席这次是受蒋介石邀请去重庆商洽和谈，不过这蒋介石狡猾得很，此行甚危啊！"

卫兵急了："那主席去不得啊，出了事可不得了！"

政委拉住了他，眼中满是深意："这次谈判关乎四万万百姓的安宁和中国的和平，其中意义可不一般啊。"

谈判后，国民党果然撕破了脸皮，而我党满载人心归去。

——王奇

"团长，你看，国民党的大本营南京城终于被攻破了。"

"终于破了，为了这一天我们失去了多少兄弟姐妹啊。"

"还不是因为蒋介石。不过今天，我们终于胜利了！"

"是啊，我们胜利了，可多少鲜活的生命为此而倒下了。"说到这，团长流下了眼泪。

"愿中国以后没有战争。"团长心痛地说。

——李玉虎

"排长，我们，我们能打赢吗？"

"当然了。"

"可是他们人比我们多，装备也比我们好啊。"

"谁说他们比我们人多啊，我们是老百姓的军队，我们人可比他们多多了。"

"可是……"

"有什么可是的啊，自从有了党的领导，我们进行土地改革，给老百姓分土地，不拿百姓一分一毫。我们是正义之师，是人民之师，你小子不也是保田参军的吗？”

“我懂了，排长，我们一定可以打赢的，因为我们是人民之师！”

几日后，辽沈、淮海、平津战役打响，人民解放军势如破竹。

几月后，南京城里，解放军战士正在来回巡逻。

——江锡山

老李头：“老张头，你听说了吗？过几天我们村里就要分地了！”

老张头：“早就听说要分地了，不过我们这一大家子八口人，不知道能分到多少地啊。”

老李头：“不用担心，听他们讲，这次分地不论男女老幼，地都是统一平均分配的。”

老张头：“还有这么好的事？以前想都不敢想。”

老李头：“那是以前，现在是共产党领导我们，可不是皇帝说了算。如今解放了，现在我们才是土地的主人。”

老张头：“是啊，这以后有地了，日子可要开始有盼头了。”

——李甲栋

旅游回家，我带回去一本新台历，极精致的装帧，复古的风格，非常漂亮。

爷爷看见后，思绪像是陷入了回忆里，半晌，才抬起头来招手唤我到身边坐下。

“我年轻的时候啊，也见过一本台历，没这个好看，可我看一眼就记了一辈子。那天下午，我们进了大总统府，可气派着咧。里面的文书啊，战报啊，都没来得及带走，撒了一地。那大总统的办公桌上，就放着一本台历，刚翻到 3 月 26 日。”

我想着，这台历再好，往后也没人翻了吧。

“好了，总算好了，不用打仗了……”

爷爷的声音低了下去，在日光微醺的午后渐渐睡着了，他睡梦里露出满足的笑意，多年辛苦岁月刻蚀出来的皱纹，似乎也悄悄展平了。

——刘峰玮

“唉，老兄，你听说没？咱仗打完啦！”

“真的假的？”

“真的，咱可以安安稳稳地过日子啦！”

“嘿嘿嘿嘿，是的是的！”

“哈哈，再也不用天天担惊受怕的了。来，咱兄弟这就去喝上两杯！”

“可是你老哥我最近手头……”

“哎哟，你咋还计较起来了呢？想想当初天天打仗，咱们朝不保夕的日子，你现在还在乎这几个钱？”

“说得也是，盼这么久不就盼个安稳……那就走，咱去庆祝庆祝！”

——张翰文

“打倒蒋介石！打倒国民党！我们要跟着共产党解放全中国！”

“老兄，咱们真的能打赢吗？”

“当然！全国的人民都在反对他蒋介石，我们马上就要胜利了。我们终于能过上安稳的日子，不用整天担惊受怕了。”

“太好了，我们也能过上好日子咯！”

——陈玉恒

1948年春，解放区。

这天晚上，农民张大爷和李大爷正有一句没一句地聊着。

张："老李，听说你送你那娃去参军了？"

李："是啊，共产党给咱分田分地，让咱翻了身，跟着共产党走准没错。"

张："说得没错，共产党是一支真正为咱老百姓着想的队伍。"

李："许多村民都在给解放军送东西呢，他们还组织了运输队、担架队。"

张："我家还有一些粮食和衣服，我这就给解放军送去。"

——邬行杰

1947年11月，几名学生正在讨论事情……

"大半夜的，喊我来干什么啊？为啥不开灯，你们叫我到底有什么事啊？"

"嘘，小点声，一惊一乍地干啥，我们要对国民党这迫害百姓的作风反抗到底。"

"可是，四五个月前的那次学生运动虽说后来几十个城市都响应了，但不还是被分布在四处的国民党给镇压了吗？"

"你怕了？"

"没，没有！现在每个人都知道国民党干的那些事情，城市居民大都失业，农村饥民遍地，饿殍载道，我恨不得马上就能消灭他们。"

"好，等的就是你这句话，这是我的游行方案，首先我们这样做……"

后来，学生运动与工人罢工得到了多个城市的响应，打击了国民党的嚣张气焰，对革命胜利产生了很大的积极作用。

——袁东立

范大爷："听说共产党要来了，他会像国民党一样征收苛捐杂税吗？"

徐大爷："什么党都一样，都只顾自己吃香喝辣，哪管我们老百姓的死活？"

这时，一支解放军部队来到村子里，村民们都吓得躲进了山里。连长亲自去向村民们解释："我们解放军不但不拿群众一针一线，而且帮你们打倒地主，把土地按户口分给你们耕作。"

徐大爷："那我还真是误解你们了，解放军果然是人民的军队啊，失了民心的国民党政权迟早会倒台。"

——蔡宇寒

昆明一所高校宿舍内。

"卫国，你看报纸了吗？"

"还没来得及看，有什么事情吗？"

"唉，又要打仗了。"

"国共两党？这两党不是前不久才进行了和平谈判吗？"

"哼，和平谈判，狗屁，那不过是国民党准备内战的幌子，现在国民党已经准备发起战争了。明天我要和同学们一起上街游行，反对战争。卫国，你去吗？"

"嗯……我要再考虑一下。"

"好吧。"

第二天，"卫国，我要去和同学们集合，先走了。"

"等一下，我和你一起去。"

"好，咱们一起去。"

——张光发

一个漆黑的夜晚，X先生走进一个地下党秘密据点。

某地下党："谁？"

X先生："是我。"

某地下党："你怎么亲自来了？暴露了，你就危险了。"

X先生："别人来我不放心，这张布防图太宝贵了。"（从内衣中拿出布防图）

某地下党："好好好，总攻时间已经确定，就差这幅图了。"

X先生："快拿好，我先走了。"

某地下党："此去凶险，先生不如留下。"

X先生："最近军统查得紧，如果发现我不在了，说不定会出现什么纰漏，如果引起他们的警觉，将会牺牲更多同志。"（言罢，推门而去）

——许俊辉

1946年7月11日夜，小巷里一声枪响打破了沉寂，次日，李公朴的尸首被发现。

同月15日，闻一多走进好友灵堂，只瞧见遍堂缟素，在场诸人无一不悲愤涕泣，不禁想到李公朴昔日英勇，想到特务们横行迫害，不由得怒上心头："今天，这里有没有特务？你站出来！是好汉的站出来！"

人群中不少人含泪附和，闻一多环视一周，拳头攥得发紧："我告诉你们！你们杀死一个李公朴，会有千百万个李公朴站起来！你们将失去千百万的人民！我们会随时像李先生一样，前脚跨出大门，后脚就不准备再跨进大门！"

次日，报童卖报的声音回荡在大街小巷："7月15日，闻一多在祭拜归家途中惨遭杀害……"

——石文仪

1948 年土改，王二他们家也分着了二三亩田地。

王二高兴极了："爹，咱家终于有自己的土地了！咱能为自己种地了！"

王大伯也感慨："是啊，多亏了解放军，咱现在也翻身做自己的主人了！再也不会让娃娃们饿肚子了！"

"爹，明天我想和运输队一起去给解放军送粮食和衣服。"

王大伯想着保田参军去的大娃："行啊，顺便去看看你大哥，告诉他家里一切都好，让他别担心，听首长的话，好好打仗。"

"好嘞！"

——陈玉婷

经过土地改革运动，到 1948 年秋，有着 1 亿人口的解放区消灭了封建生产关系。广大农民分得土地，当家做主人以后，他们的政治觉悟也提高了不少。

老黄："老巴，你家分到土地了吗？"

老巴："当然有啊！自从土地改革后，共产党给我们农民每家都分了土地，一户都不落。"

老黄："是啊，我活了几十年，一直都在给地主家卖命，现在终于有了自己的土地，真是不知道怎么报答共产党！"

"要不这样，你我都加入解放军。"

"这主意不错，那我们一起去。"

——董昊阳

年幼的妹妹扯住姐姐的衣角。

"姐姐，我们都已经把日本鬼子赶出中国了，为什么还要打仗啊？"

姐姐看着年幼的妹妹，沉默。

“姐姐，姐姐，你要去哪?”

姐姐摸了摸妹妹的头。

“幺妹，在家听爹娘的话，姐姐昨天加入了解放军，今天就要随着部队走了。”

“静娴同志，咱们要出发了!”外面传来一声催促。

姐姐拉开妹妹的手，眼里含着泪花，却万分坚定。

“姐姐！姐姐!”

——任静娴

“唉……”愁眉苦脸的川子坐在土坡上。

“川子，你叹什么气？日本鬼子都打跑了，地主也没了，你还叹什么气呢?”

“唉，你是不知道啊，我一大家子人，上有老下有小，我的地这么少，怎么过日子啊?”

“据说要推行新制度了，没有地和地少的人肯定能分到地的。”

“真的吗?”

几天过去了，分地以后。

“川子，听说你分到了二亩地。”

“是啊，看来今后的生活不用愁了。”

——王川

1945 年 10 月——

几朵白色野菊从碎掉的瓦片间拱出来，歪歪斜斜地伏在冒着白菇的横梁上。

浸透了寒意的秋雾慢慢、慢慢地散着，有光挣扎着，一点一点地想钻进来。

一位老者缓缓脱下帽子，帽檐划过额头时已是老泪纵横。

老人抱着骨灰坛的手微微颤抖，连声音都像是绕了好几道弯才从喉腔里面发出来："老王，你看，咱们到家了，到家了，你看看啊……"

"蒋介石撕毁《双十协定》发动内战……"

一位青年小心地将骨灰坛放在老人的怀里，合上棺木之后才轻声呢喃："爹，又要打仗了，好在您和王叔不知道，临了也是笑着的，也好，也好……"

灵堂下，有七尺男儿含泪叩首，脚边是散着油墨味的报纸，"蒋介石"三个字已被抠得稀烂……

——杨喆

1947 年 9 月，中国共产党在西柏坡村举行全国土地会议，通过了《中国土地法大纲》。

同年 10 月 10 日由中共中央公布。

喧闹的告示牌前，裹着头巾的汉子好不容易才挤出来，晒得发黑的脸上挂着明晃晃的笑："老王老王，咱们有地了，属于咱们自己的地！这共产党啊，把土地都分给了农民啊。"

一旁的老王也是喜不自胜："好好好！可是……现在还在打仗呢，共产党一旦输了，咱们还能有地吗？"

"那……咱就加入解放军，把那蒋介石给赶出去！"

"好！"

所谓得民心者得天下，如是而已。

——肖鹏

1949 年渡江战役。

"连长，对岸的火力渐渐平息了，咱们冲吧！"

“好！同志们，随我上啊……”

一颗流弹不偏不倚地击中了连长的心脏。

连长的双眼依旧看着对岸……

1949 年 4 月 23 日。

“连长，咱们打进南京啦，你看到了吗?”

战士们的双眼噙满了泪水。

——朱博文

“老王，听说国民党同意与共产党建立联合政府，这样中国就可以不用发生内战了，好期待这一天能早点到来。”

“你真这样认为？你觉得蒋介石会放弃他的政权？即使他同意，他身后的资产阶级和官僚也不会同意的，这只是他们制造出的假象，迟早会和共产党打起来的。”

“老赵，不要被骗了，老王说得对，我认为不久就会发生内战，虽然目前共产党处于劣势，但他们更得民心，农民和工人都支持他们。”

3 个月后，蒋介石撕破协议，发动内战。

——蒋建春

1948 年 10 月 9 日，东野某指挥部。

“你知道塔山意味着什么吗?”

“守住塔山就解放了锦州!”

“有没有信心守住?”

“保证完成任务!”

6 天后，塔山阻击战取得胜利，保证了东野解放锦州的胜利果实。

——刘翔东

1934年的秋天，杏花村的村口。一位红军战士正在与白发苍苍的母亲道别。

“孩子，娘身体好着呢！等你回来，去吧！”儿子什么也没说，只是深情地拥抱着母亲。

转眼一年过去了，老人时不时地去村口张望。

1945年，老人时常拄着拐杖在村口站着，却依然不见儿子回来。

又是四轮寒来暑往，1949年的秋天来临，秋叶纷纷落下，带着喜庆又有点孤寂的哀伤。

村口，却再也没有出现等儿子的那位老人。

儿子还会回来吗？

——元佳丽

江面平静得没有一丝波纹，倒映着岸边景物，朝江流的方向望去，一艘艘战船整齐地卧在江面上。

渡江战役某突击营由副团长宋家烈指挥，正扬帆向前挺进，突然有人报信：“宋副团长，你有儿子了！你们宋家有后了！你大胆地往前冲吧！”

喜讯在全营迅速传来，他们趁着东北风，大喊着：“冲啊！”从此便有了“渡江第一先锋营”。

——杨广威

1949年4月20日，国民党政府拒绝在和平协定上签字。

当夜，长江边军营里。

“报告，人民解放军第二、第三野战军准备完毕，请下达指示。”

“好，传令下去，分东西中三路，强渡长江，势必消灭国民党残余势力。”

23日晚，第三野战军第35军占领南京。

毛泽东听到这个消息后欢欣鼓舞，挥毫疾书，写下气势磅礴、雄浑有力的《七律·人民解放军占领南京》。

——杨超

那日，天干物燥，暑气蒸得人们已无心情劳作，便在树下闲聊。

突然从山那边跑来一个人，满头大汗，嘴里高呼："土地改革了，土地改革了……"

闲聊的人们立刻伸长了脖子："什么改革了？"那人激动地说道："你们还不知道吗？我们终于拥有自己的土地了！"

人群中传来欢呼的声音："我们农民终于翻身了！我等这一天好久好久。"然后他们一个个扛起锄头奔向眼前这片熟悉的土地，属于他们自己的土地。

——李加熇

我从记事起，就没有见过父亲。

每当我问起这件事时，奶奶都会指着门前的稻田，说："当这块田是咱家的时候，你爹就回来了。"之后便是盯着稻田，长久地沉默，背影里隐隐透出一股倔强。

那是热闹的一天，村里的人都很开心，都在说什么"土地改革"，大家都在笑，只有奶奶一边哭一边嘟囔着："我就知道我儿子没骗我，我就知道我儿子没骗我。"

那是我见过的奶奶最开心的样子。

——柯文

傍晚，一位老妇人坐在田埂上，满眼都充满了笑意。

“娘，我就知道您在这儿。咱家这玉米啊，您当孩子一样疼着嘞！”

“可不得好生顾着吗？现在咱有自己的地了，就像丢了的孩子找着娘啊，饿不着了哟！”

“是啊是啊，等这玉米熟了呀，加上仓里的那些粮食，前线的同志们也饿不着了。”

母子俩看看对方，又看看玉米田，发自内心地笑了。

——滕雪飞

“战士们，这是最后一个据点，胜利就在眼前，随我冲啊！”望着近在眼前的锦州城，营长对底下的士兵呐喊道。

“冲啊！”一支只剩二十几人的营队，声势却气贯长虹。

他们登上阵地。

“缴枪不杀！”营长高喊，在给敌人下最后的通牒。

……

最终，这支曾经拥有几百条鲜活生命的营队，无人归来，可他们占领了最后一个阵地，宣告了锦州战役的胜利，也打响了辽沈战役的第一枪。

——郑鸿泽

夜幕降临，村里的几个伙计愤愤不平地谈论着。

“还给不给活路啦，本来粮食就不够吃，现在粮税又加了！”

“还不是打仗惹的祸，中国人打中国人，也不怕被小鬼子笑话！”

“我看就是政府没事找事，人家共产党都说和平合作了，国军非要去找人家麻烦！”

“我听说解放区那里开始分地了，不如我们反了吧！”

“我早就想这样干了！城里的学生都去游行示威了，咱们还怕啥？”

——付凡

1948年11月，天气已经转凉。两位农民在谈论着什么。

“盼了那么久，我们的好日子终于要到了。”

“是啊，这一天我们等了好久了。”

“现在共产党把国民党打得落花流水，国军撑不了几天了。马上就要解放了。”

“那好哇，不过我们也得为国家解放出一份力呀。走，我们去支援前线，就算打不了仗，也能出一份力。”

第二天，二人踏上了奔赴淮海战场的征途。

——李晟辉

“叮叮叮……”一阵清脆的电话声打断了屋内喧闹的麻将声。

“团座好！”

“嗯，听好了！共军已经打过来了，你部所在关口十分重要，一定要给我守住！”

“啊？嗯……是……是！团座。”

放下电话，他看了看屋内懒散的部下，强压住内心的恐惧和不安，大声说道：“刚刚接到上级指令，我，我要去南京开个紧急会议，你们守好关口，我马上就回。”

他急忙跑回家中收拾好钱财衣物，去“开会”了……

——伍廉升

1946年冬，内战爆发已半年。此时，驻华美军因在北平强暴一女大学生而引发暴动。小朱在暴动中因保护好友而被打伤。

“朱姐，你的伤怎么样了？”

“我没事儿，美军真是一群禽兽，居然对学生下手！”

“要不，我们去找国民政府制裁他们吧？”

“国民党那些家伙只知道内战伐共，哪管我们的死活!”

“不行，不能让美军继续迫害我们了。我们要号召老师同学们游行示威，抗议暴行！反对迫害!”

1947 年 10 月以后，爱国学生一次又一次地掀起反抗斗争的浪潮。

——彭峥利

一日，两位民盟成员正讨论民盟的未来。

“国民党装备精良，有美国人撑腰，我们支持他们吧。”

“可社会主义更符合国内现实，且共产党更得民心，我看……”

自 1947 年 3 月，中共代表团从国民党统治区撤退后，民盟便成为国民党的主要迫害对象。

“唉，我们连一支枪也没有，而蒋……”

“国民党已无视民主，我们与共产党合作吧。”

——黄世彪

“大事不好!”

看过今早的报纸，他终于坐不住了。

“国内仍然动荡不安，这让我如何安心念书?”

“总该做点什么……”他默念道。

次日，游行队伍中出现了他的身影。

——周奕彬

随着国民党内战的节节败退，其经济危机和政治危机也日益加剧，党中央适时制定斗争方针，领导广大国统区群众开展求生存斗争，建立反卖国、反内战、反独裁与反特务恐怖的广大阵线。

“当今社会真是民不聊生，老蒋政府滥发纸币，物价飞涨，发给学校的教育经费都不够塞牙缝的！”

“唉！先不说能不能继续学习了，现在咱们连吃饭都是问题，看！那位同学已经饿成什么样子了。外面的米面买不起，从家里带的也只剩这点了。”

“唉！”

“学校正组织反内战、反饥饿委员会，咱们快去加入吧！”

“行，咱快去吧！”

几日后，三人参与了学生示威游行，用斗争的方式来争取生存的希望，但各地游行的队伍皆遭到国民党特务和军警的血腥镇压。

——白杨

在1946年3月召开的国民党六届二中全会上，蒋介石命令他的追随者对政协协议“就其荦荦大端，妥筹补救”。

徐：“冯兄，来，今儿的早报我可给你带过来了。”

冯：“好，我看看。”

冯：“哼，‘就其荦荦大端，妥筹补救’，这不明摆着想要内战吗？”

徐：“什么，这分明是想令政协协议成为一纸空文嘛。哎，看来，国民党是要扼杀我们的和平建国啊。”

冯：“一场大战才停下来，竟还想来个内战，这让百姓怎么活？”

徐：“唉，有违人心，有违人心啊。”

——徐子欢

一路上，请愿团团长马叙伦忧心忡忡：“日本鬼子虽然已经失败，但如果我们内部不能团结起来，敌人一旦恢复实力，恐怕还要再来侵犯我中华。”

“团长，我们向国民党呼吁和平，就真的能让国民党放弃镇压百姓的暴行吗?”

团长却没再说话，眉眼中皆是焦急之色。

下了火车，众人却遭遇到一群国民党指使的暴徒的围攻，团长悲怆地喊道:“中国的命运何去何从?”

不久后，内战爆发。

——杨梦婷

编辑心语:

这次的编辑任务，我们组负责的是第七章的内容“为创建新中国而奋斗”。1947 年夏，刘邓大挺进大别山，揭开了人民解放战争战略进攻的序幕。重庆国共谈判和政协会议期间，各民主党派作为“第三方面”，同共产党一起反对国民党反动派的内战、独裁政策，为和平民主而共同努力。在国民党当局撕毁政协协议、发动全面内战时，民主党派中的大多数同共产党保持一致，拒绝参加国民党一手包办的“国民大会”、反对国民党制定的所谓“宪法”。民主党派的许多成员积极参加和支持中国共产党领导的爱国民主运动。

在人民解放战争转入战略反攻并且取得节节胜利的形势下，1949 年初，各民主党派联合发表宣言，站在人民革命一边，同共产党一道为推翻国民党的反动统治、建立新中国而共同奋斗。

全国胜利后，中国共产党在政治、经济、外交等各方面制定并采取了适合中国国情的各项政策，指出中国由农业国转变为工业国、由新民主主义社会转变为社会主义社会的发展方向。在中国共产党自身建设的问题上，提出了“两个务必”的要求。

中国革命的胜利，首先是由于中国共产党的领导。中国共产党作为工人阶级的政党，不但代表着中国工人阶级的利益，而且代表着整个中华民族和全中国人民的利益。

“没有共产党，就没有新中国。”这是中国人民基于自己的切身体验所确认的客观真理。工人、农民、城市小资产阶级是民主革命的主要力量，民族资产阶级也逐步向共产党靠拢。中国革命之所以能够赢得胜利，同国际无产阶级和人民群众的支持也是分不开的。

我们组虽然只有四名成员，每个人都来自不同的学校，但每个人都非常认真。我们之间的默契配合也提高了彼此的工作质量和效率。我们认真对待每一篇文章，就连一个小小的标点符号也要经过反复斟酌和思考。在这次编辑工作中，我们收获的不仅有编辑工作的经验，还有深深的团队情，让我们真切感受到了团队合作的重要性。能和大家携手一起完成这次编辑工作，很幸运。

第八章
巨龙腾起从头越　大国昌兴自此来

一自新民主义开，疮痍党抚带春回。
乡村土改兴农合，四马分肥公制来。

——古源信

〔本章梗概〕

1949—1956年，在中国共产党的领导下，新中国迅速地恢复和发展生产，实现了农业、手工业和资本主义工商业的三大改造，完成了从新民主主义向社会主义的过渡。社会主义制度在中国的建立是历史的必然，是人民的选择。本章采录的微小说，以轻松愉悦的故事形式，展现了中华民族在站起来之后的幸福感、自豪感，中国人民充满干劲、充满希望，在社会主义道路上大步前进。

一阵急促的脚步声传来，“厂长，最后一批汽车零件到位了，我们马上就可以实现汽车制造了!”

厂长拍了拍小林的肩膀：“太好了！小林，马上告诉工人师傅们，务必在五个月内完成汽车制造任务。三年期限快到了，我们一定不能让党和人民失望啊!”

“好，我这就去!”

五个月后，厂长面对辛勤的员工们，慷慨激昂地说道：“同志们，我们总算没辜负党和国家的希望，我们的解放牌汽车终于驶出装配线了!”台下，雷鸣般的掌声久久回荡。

——王璿

张柏靠在小卖部门边，一边吃着冰棍，一边说着：“哟，这不是宋地主吗?”

宋千停下来，愤怒地说：“别一口一个地主，咱现在也买机器办工厂。”

张柏悠哉游哉地说：“你这种人呐，以前剥削农民，现在剥削工人。新中国成立了，要走社会主义道路了，我看你迟早要完蛋!”

宋千不屑道：“剥削？工钱低他们不还是照样抢着干!”

然而，当工商业改造席卷而来的时候，宋千再也没有了那不屑的眼神和傲慢的语气……

——岳智

村口聚集着一堆人在闲聊，“唉，你听说了吗？咱们村儿啊，要搞一个合作社。”

有些人没听过“合作社”，感到新奇，问：“那是干啥的?”

“听说就是把大家的牛啊、羊啊等都放到一起……”

大家立马说：“什么？那可不行！这是俺家的牛，放到一起，那还怎么了得!”

那人解释道:“我还没说完呢，这合作社好处多着呢，加入了合作社，大家有福同享，有难同当，以后咱农民就不愁吃不愁穿啦!”

“是吗？那我要参加!”

“好，要参加的都跟我走。”

——刘紫薇

“听说国家要没收我们的财产，怎么办?”李鑫着急地在屋子里搓着手来回走动。

老王一把拉过李鑫坐在沙发上，说道:“别着急，我听说民族资产阶级，可以采用赎买政策变成公私合营企业。”

“这不还是要没收我们的财产吗?”李鑫一下子从沙发上站起来，愤愤不平。

老王解释:“国家这是让我们自己也参与到企业管理中来，我们应该积极接受国家的社会主义改造，为新中国的社会主义建设做贡献。”

“好！那就这么办!”

——王昌盛

“唉……陈主任，虽然土改了，但我们还是吃不饱。”老沈坐在家门口，一身泥泞。

陈主任说:“老沈啊，你的情况我已经了解了，你放心，对有困难的人我们会提供帮助的!”

不久后，陈主任拿着一叠报名表，对老沈说:“老沈啊，村里成立了生产合作社，大家一起干活，一起吃饭，这样你的生活就可以不愁了，怎么样？要不要报名参加?”

“这好啊！”老沈接过报名表写上了自己的名字，感叹道，“还是共产党对咱百姓好啊！”

——牛剑

按捺不住激动的心情，支委杜奎找到村支书王国藩说：“大家最近都在议论办社，我觉得咱们村也可以试试。”

王国藩说道：“是啊，我看大家积极性也挺高的，不过，对于那些不愿入社的人要采取说服教育的方法，决不强拉硬拽，要把贫下中农当作主要动员对象，凡是诚心入社的都吸收进来。”

杜奎说：“好，王支书，我让支部成员分头去做群众工作。”

王国藩：“嗯，杜支委，好好干，我相信咱们村一定能富起来！”

——侯梦玲

晚上，老王一家围坐在一起，小王说：“爹，再过几天，秧苗就可以下田了，要准备准备吗？”

老王担忧道：“就咱家这些人，那些地一天不就解决了？要我说，该愁的是李大爷家，这小李去参军了，他们老两口咋忙活得过来啊！”

小王突然想起：“我听李大爷说，国家让弄个什么互助组——几家人把田凑一块，一起种，一起收，还问我们两家要不要一起弄个组？”

“好，就这么定了。”老王一激动，手上的瓜子撒了一地，引得大家捧腹大笑。

——董强军

两兄弟饭后谈到加入农村生产合作社的事。

二弟叹了叹气：“之前好不容易分了几亩田，还没有焐热，现在又要归公了。”

大哥解释："这不叫归公，叫'入社'，我问你，单干了一辈子，你发财没有?"他顿了顿又说道："这入了社以后，劳动成果大家一起分配，就不怕没饭吃了。"

二弟对入社还是心里没底，说道："人一多就容易乱，我怕反而不行。"

大哥拍了拍二弟的肩膀说道："团结就是力量，我们要相信党组织!"

二弟看了看大哥，点了点头。

——胡超逸

"大家听我说个事儿，毛主席号召咱们农村建立人民公社！现在我们村也要建立人民公社啦!"

贾大爷听了一甩手，说道："那不是又要把我的地全收了去!"

书记耐心解释："贾大爷，这不一样，现在只是把大家的地放在一起，大家一起干活。"

贾大爷不信，问道："那我们吃的、用的咋办?"

大家围着说："是啊，这以后吃饭可怎么办啊?"

书记对着大伙说："大家放心，以后我们一起吃食堂，保管天天吃肉。"

"好好好!"大家反响热烈。

——韩学舟

凌晨，一个急促的声音从手术室里传出来："快！把伤员抬进来!"

"手术刀、剪刀、钳子、针……"一张布满皱纹的脸上出了层层密汗。

一个年轻医生见老师这般辛苦，不忍地说道："赵医生，您休息下吧。”

赵医生清理了手术台，看着大家说道：“他们都是军人，为国家的和平不惜自己的性命，受伤不马上救治随时都有生命危险，我们作为医生绝不能懈怠，大家打起精神来！”

这一天，他们连续奋战 20 个小时，共救助了 40 名重伤者。

——张凌霄

车厂的流水线不断地发出“轰轰”的声音。

老王看着厂里的巨龙，布满了岁月痕迹的脸上满是欢喜的表情。月光透过窗户洒在办公桌上，老王抬头望了望，说：“今晚的月亮真圆啊！”

此情此景，老王不由得想起了远方战场上的孩子，喃喃自语：“孩子啊，希望你在远方平平安安，要是能让我早日抱着孙子，我也就心满意足了。”

老王憧憬着，眼前浮现出了孩子顽皮的模样，微笑着低声道：“这臭小子！”不由自主地笑了起来。

——郑旭铭

1953 年，陕西的一个村落。

崔主任指着孙守说：“唉，孙守！你怎么把合作社的牛往家里牵！”

孙守道：“这是俺家的牛，俺是个农民，不懂你们那些个大道理，俺只知道俺的地该犁了。”

崔主任忍不住指责：“你这是受个体经济习惯的影响，怀疑合作社的优越性！”

孙守不管不顾，牵着牛往家走。

崔主任觉得此事棘手，从合作社调拨部分人力、物力，帮助孙守先解决了夏锄问题。

孙守切实地感到了合作社的好处，主动找到崔主任：“主任，我要加入合作社!”

——金雯萱

张千坐在沙发上，跷着二郎腿，正翻阅报纸。

看到关于“1952年国民经济恢复工作”的报道中，提及“我国工业水平仍然较低”时，他不禁感叹：“唉，昨天的报纸上还说中国有许多重要工业产品的人均产量落后于美国，甚至落后于印度……”

一旁的张大爷说：“如果中国的经济不独立，很可能会受到外国资本的压迫。”

张千说：“可不是吗？就像亚洲、非洲、拉丁美洲的许多国家和地区那样！所以，为了实现工业化，我们必须走社会主义道路!”

——黄思芬

1950年的土地改革，无疑是深得人心的。

这一天，市政府刘清同志去视察时，在田边看到了这样一幕。一个中年男人扛着锄头向田里走着，突然招手，向前面的人大喊：“张哥，你也去地里啊。”

“是啊，该锄锄草了。以前我们被打压，都没有土地，也吃不饱。现在完全不一样了，国家给了我们土地，我们又可以扛起锄头种自己的地，收咱自己的粮食了。”

张哥看了看这大片的土地，喜上心头，情不自禁地说：“是啊，这都得感谢政府啊!”

——梁晋晔

签字仪式上，一个男人冲上主席台，按住了工厂老板的手说："这工厂是父亲留给你的，当初你拼死保下它，如今你真要把工厂交给国家吗?"

哥哥看了弟弟一眼，还是在合同上签下了名字。

签字仪式结束后，他们来到了父亲的墓碑前。

哥哥说："爸，我把你留下的工厂上交给国家了，共产党很好，我相信他们会好好经营工厂的，这是我们民族发展的希望。爸，您一定会支持我的，对吗?"

阳光洒在大地上，一阵微风轻轻拂过，很温暖……

——陈五月

沈家客厅内，喧闹声不断。

"怎么办? 新中国成立要消灭资产阶级，我听说外头那些旧地主和资本家的钱、地可都被没收了!"

"什么? 这么说咱沈氏银行多年的基业都要白白送出去?"

"我不同意! 他们凭什么这么做! 咱们……"

"胡闹!"沙发上沉默许久的男人坐不住了，"别整天听别人胡说，我问过政府，他们有和平赎买的政策，不会没收咱们的基业。政府是真心想为老百姓做事，我们大家都应该相信政府。"

客厅恢复了安静，没有再说话。

——周心怡

老张喜欢坐在村口树下听广播。

喇叭里传来县广播站广播员嘹亮的播报音："接下来播报一则通知，今日我国颁布了新中国第一部法律——《中华人民共和国婚姻法》，自公布之日起施行，望广而告之，遵守法律。"

“好，我得赶紧回去告诉闺女。”老张连忙起身往家赶。

“闺女，好消息，国家规定婚姻自由了，以后你可以自由恋爱了，不用像爸妈那个年代包办婚姻了，你们新中国的年轻人，真是赶上好时候啊！”

女儿懵懂地点了点头，虽然她还没有走进婚姻殿堂，不过她知道——以后婚姻一定会很美好。

——都金

老王：“老张啊，还在自己一个人干农活啊？”

老张：“可不是吗？怎么，你家那么多活干完了？”

老王：“嘿，我加入了农业生产互助组，早就干完了。”

老张：“哦？‘农业生产助力组’那是什么，你给我讲讲。”

老王：“就是大家分工合作，一起干活。省时又省力，最后成果大家一起分享。我跟你讲，这互助组可好了……”

老张：“那么，在哪里可以加入呢？”

老王：“走，我带你去！”

——华东瑜

王老板：“你们这是来收我的工矿企业吧。”

工作人员：“王老板，你误会了，我们这是和平赎买，国家和政府定会给你一个公道的。现在你企业里的东西都是人民的了，是国家的了。”

王老板：“社会主义的趋势已势不可当了啊，顺应潮流才是正道啊，我这企业以后就是国家的了。”

外面的街道上，“社会主义万岁，毛主席万岁”的欢呼声一浪高过一浪。

——姚勖

一天，小张找当地的工厂老板商议。

陈："这不是小张同志吗？快请坐。你今天有什么事吗？"

张："您听说了工商业改造的计划吗？您这家工厂是知名企业，我希望……"

陈："这个政策我很想支持，但这么大的工厂不是我一个人说了算的。"

张："陈老板，资本主义在中国行不通。支持公私合营，响应国家号召，更有利于工厂和您个人。"

陈："好吧，既然你都这样说了，那我这就召集全厂人员开会。既然要做，就要做好，打响改造第一炮。"

——陈国磊

1955 年，某纺织厂办公室内。

"赵老板，这是政府的人。"

"您好！赵老板，我这次来是为了……"

"别说了，既然国家想要我的厂子，那就拿去吧。"

"您一定是误会了我们的意思，我们此次前来并不是强行收购，而是来和您商讨赎买的事情。"

"赎买？"

"是的，通过和平赎买的方式，企业将逐步成为国家所有。"

"那我这个管理者呢？"

"您将继续管理整个企业，最终改造成为自食其力的劳动者。"

"好！我愿意配合政府！"

——齐威

中华人民共和国成立后，全国掀起了一场轰轰烈烈的土地改革运动……

“王哥，收成咋样啊？”

“是老李啊，当然是大丰收啊，刚才我看你家的棒子也是又粗又高啊。”

“嘿嘿，俺也不求别的，只要一家四口能填饱肚子就行了。老天爷施恩啊，那‘黑老虎’王全被抓了，还把土地分给我们，温饱再也不是问题喽！”

“是啊，共产党人都是好人啊，没他们，我还在王全家打长工呢。”

“可不是嘛，共产党真是为咱老百姓着想啊。”

——刘子扬

“中华人民共和国成立了！我们有自己的土地了！”

“老王头，你现在在哪里工作呢？”

“我没啥文化，就去做点体力活，现在在机床厂里呢。”

“中华人民共和国就是好啊！原来啊，啥都是洋鬼子的，你看看现在，大工厂都建起来了，很快我们也有这些了！”

“是啊是啊，国家好，咱们活得才好，孩子们才有未来，现在就是咱们这些老骨头为他们做些事情的时候啦！”

“对对对！为了孩子，累点也值得啊！”

——张立泽

小王集合了村里十几户人家办起了初级社。

吴婶和几个邻里说：“咦？那穷棒子社，能办成啥事儿呀？”

没几天，吴婶在地头碰到了合作社的小丁。

小丁：“吴婶，快加入合作社吧，大家一起干，咱肯定明年就买得上耕牛，来年再加个收割机！”

“嗯……小丁，俺觉得你这个想法是很好啊，但是俺要再考虑考虑，现在俺急着要回家做饭呢……”敷衍几句，吴婶就急忙溜掉了。

然而一年后，合作社就发展到八十多户，每户都分到了足够多的粮食，吴婶等人也都积极入社，合作社的名声响亮起来了。

——赵嘉荣

“北京这边又在闹公私合营了，看来这事已经迫在眉睫了。”茶馆中，几人商量着。

“这合营不是自愿的吗？我不愿意怎么了？”

“时代变了，咱人也得变，先带头响应国家号召，参加合营的，光荣!”

“这自古只有打江山的，哪有让江山的？”

“就是就是，自己辛苦半辈子的铺子，就这么送人了？”

“依我看，这是社会在进步，咱得跟上，这不参加合营就没有出路啦。再说十年还息，咱们又不吃亏。我觉得可以!”

“好，我们都听您的。”

——宋振杰

张三：“唉，今年粮食的长势越来越差了，耕具也磨损得严重，收成恐怕不如去年。”

李四：“是啊，今年雨水少，粮食长得不好，真是要人命啊!”

1953年，中央逐步在各地试办农业生产合作社，农民所有制改为公有制。

张三：“建立合作社后，大家共同劳动，也有了新的耕具，真是太好了。”

李四：“是啊，今年合作社协助兴修水利，有了水浇灌，今年庄稼长得好多了，看来今年能有个好收成了。”

——皮永驰

江南的一个村子里，午后的阳光晒得空气有些沉闷。但村头的田地旁却是一幅繁忙的景象，知了仍然兴致勃勃地叫着。

两位老农坐在田边擦着汗，聊了起来。

“这活做起来还真累人。”

“这天天从村头挑水浇地也不是个事儿啊，还是抓紧干活，让大家以后都省事。”

“可不是嘛，刚分到地的时候，分到村头那块地的老王可得意咯，现在好，等这水渠一通，咱也方便多了。”

“得嘞，也休息够了，去干活吧。”

“好嘞！”

——李天瑞

早上，合作社社长：“快点起床了！吃完早饭就到村东口集合啦！”

社长：“我分配一下今天的工作。大牛！大牛到了没有！”

大牛：“到了！”

社长：“你今天带几个人去村东边的后山去砍柴吧。二柱！你今天继续煮饭！”

二柱：“好嘞，放心吧！”

社长看着健壮的三娃说：“你今天带着几个人去后山锄一下草，好好耕一下地，我们村今年的收成主要就靠你们组了，知道吗？好了，赶紧干活去吧！”

随后，忙碌的一天又开始了。

——施鹏

“黑暗的日子终于结束了，我们迎来了属于自己的明天！”

“可是现实并没有太多的变化，我们还是那么穷，钢铁的产量和发电量也没有增长太多。”

“我们的起点是不高，重要的是即将前进的方向，国家也是如此。只要找对了方向，三十年河东三十年河西，让我们拭目以待吧。”

“嗯，此话在理。让我们一起努力！”

——唐俊明

风和日丽的时候，农民甲总是喜欢坐在门前的树桩上发呆。

一天，农民甲一把拦住了路过的农民乙：“兄弟，你说参加农村合作组真的有用吗？”也许是因为太久没吃饭了，他的声音有些颤抖。

农民乙：“有用。我说你就别再瞻前顾后了，看看大家，现在的日子不都比以前好嘛。”

不久以后，再出现风和日丽的天气时，树桩上却不见农民甲的身影。

——郝悦

中华人民共和国刚成立不久，村长积极组织村民参加农业合作社。

儿子跟老父亲提了好几次，却都被拒绝了。这天儿子回来，看到正在发愁的老父亲，一时觉得非常委屈。

“说了多少次了，就是不听。”

老父亲依旧沉默。

“明天让我来吧，看这地被你折腾的。”

“这……好吧。”

第二天，儿子去找村长，加入了合作社。

过了两天，田头的土地里抽出了一根新生的嫩芽。

——何涛

“在这中华人民共和国成立两百周年之际，让我们来回顾一下祖国的发展史。”画面转向记者小李，“下面请小李上来，让他介绍一下新中国制造的第一架飞机。”

“好的，主持人。我通过时光机来到1954年7月3日的南昌三二〇飞机厂。看，那就是我国第一架自行制造的飞机。它起飞了！如同一只雄鹰翱翔在蓝天……它着陆了！试飞十分成功。以上是来自现场的报道。”

“谢谢小李。很遗憾，因为时光机只能观看过去的场面，不能采访当时的工程师。好的，我们来了解下一个历史事件。”

——厉云路

夕阳下，一群疲惫却面带笑容的工人们朝着宿舍楼内走去。

“哎呀，可累死我啦，挖了一天的煤。”

“是啊，看来这个月咱们又能创新高啊。”工人们陆续到了房内。

“嘿，老李，又把你儿子照片拿出来看呢，比看报纸还上心。咋也不见你儿子来看你啊？”

“哦，国家造飞机，他忙着呢。”众人纷纷称赞。

老李满是污垢的脸上，洋溢着满满的幸福与自豪。

——刘则清

一位老汉捧着田里稀稀拉拉的稻穗，嘴里嘀咕着：“田有了，地有了，可还是没有粮啊。”老汉不得不离开了农田，背影显得失落。

夕阳西下，老汉驼背的身影显得十分细长。

回家不久后，老汉听到外面喧哗：“改革啦，我们要成立农业生产合作社了，大家再也不用担心农具了……”

听到这，老汉望着家里的老老少少，脸上不由得露出了充满希望的微笑。

——杨成果

甲、乙两人在田地里小憩。

甲说:“都是干一整天，你说为啥隔壁丙的效率比我们高那么多呀!”

乙回答:“人家有农具、耕畜。当然干得比我们快了，干得多，收得多，天经地义，只可惜咱没有那么多农具，白瞎了这身力气。”

甲说:“我听说最近村里成立了农村合作社，实行按劳分配，好像还不错哩。要不然我们也加入吧。”

乙说:“好哇，好哇!”

加入合作社以后，甲、乙二人劳动得更起劲了，日子一天天变好。

——谭高佐

农民甲:“你家分到的土地那么多，今年的收成不错吧!”

农民乙:“哎!别说了。土地是到手了，可我家既缺农具又少耕牛，耕种不了多少土地，没啥多的收成，就够家里这几口人的口粮。”

农民甲:“别担心，中共中央推出了农业生产互助的决议，我们可以互帮互助，一起耕种了!”

农民乙:“那真是太好了。这下不用愁了。”

说完，两个农民满脸喜悦地各自回家了。

——杨杰

1956年，某领导下乡视察工作，路途中遇见一位老农。

老农扛着锄头，看到有领导，激动地说道:“谢谢你们!前些年打仗，我们过得苦啊，吃不饱穿不暖。自从加入了合作社，大家一起劳作，我们的日子越过越好了，谢谢你们!”

“不用谢，不用谢，让百姓安居乐业正是我们应该做的，我们是人民的公仆，为人民服务是理所应当啊。”

——张恒瑞

“自从咱分到了自己的地啊，日子是好过多了。”

晓翠：“是啊，只是……家里没有牛，又没几个能干活的人，这些地哪里顾得过来?”

“我听说咱们这边要成立农业合作社，土地一起种，收成一起分。”

晓翠：“这倒是好，可那些分到好田的，能愿意不?”

“这事咱不要操心，交给合作社处理，合作社一定会为咱们想到这些的，放心吧!”

那天晚上，晓翠想着白天的事睡着了。她梦见好多人围着堆成山的粮食，小伙子们站在上面，把一捧一捧的粮食撒到人们端着的碗里，一个个露出了幸福的微笑。

——许紫岚

1952 年 10 月，敌人开始进攻上甘岭，炮火之猛烈前所未有。

我军将士英勇战斗，顽强抗击，交战双方皆伤亡惨重，损失巨大。

这一天夜幕降临，趴在掩体中的小李对班长说：“班长，如果我牺牲了，请你把这东西交给我的父母，向他们道歉，我不能再尽孝了。”说着，拿出一把长命锁。

班长发怒：“你瞎说什么呢? 我们都会没事的，再说了，不是还有我吗? 有我在，你就没事。”

几日后，班长被炸伤，不幸牺牲，而他用身体遮蔽了受了轻伤的小李。

——王坤

一位老农在田中锄地，听到走过的几个年轻人说着什么工业，不禁问道：“啥子叫工业?”

“就是我们要自己造飞机、造汽车! 靠我们自己的双手，开创祖国美好的未来！”

老农摇摇头，什么飞机、汽车，本本分分耕地才对，年轻人不务正业。

“咦，刚刚天上飞过好大一只鸟。”

村长跑过来：“啥大鸟啊，那是飞机！对了，赶紧回村子，国家派了技术员在村子里发农用器械，以后啊，咱再也不用那般辛苦地耕地了！”

——杨翠

中华人民共和国建立以后，各地成立了农业生产合作社。

刚回到村子的小王在伙伴那里了解到合作社的基本情况之后，便回家去找他哥哥。

哥哥正在后院喂鸡，小王冲过去，告诉哥哥这件事情。哥哥很难理解“合作社”的意思，小王便告诉他，以后一起干活，大家都能有更多的粮食，他才点点头。

小王拉着哥哥，冲到了村口报名处。

小王：“同志！我们来报名！”

同志：“欢迎你们的加入，以后在合作社里好好干！”

——王慧琳

“三大改造”时期，民族资本主义工商业赎买政策实施。

“经理，您找我？”

“嗯，坐下说！”

“现在社会主义改造如火如荼，我想了好几个晚上，你马上通知下去，就说，我们愿意接受改造。”

“经理，就这么把企业拱手相让，您甘心吗？”

“不甘心又怎么样？改革的浪潮势不可当，这也是顺应时代潮流嘛，就当为国家建设事业做贡献了。”

“好，经理，那么我立刻去通知大家，大家以后一起为国家出份力！”

——牛赵松

“这是明抢！”大股东说着，把合同摔在桌上，“我们不是官僚资本，又没有祸害百姓，凭什么这样！股份能给，但我们管理权没了！”

“有句话叫‘背靠大树好乘凉’，我们的风险大大降低了。”

“厂长，难道你同意这份合同？！”

“嗯，我同意了。”

大股东难以置信：“为什么？”

厂长摩挲着合同：“老李，还记得动乱时的愿望吗？我们都希望国家安定，而如今，国家逐渐强大，我们为什么不能助它一臂之力？国家，国家，有国才有家啊！”

——张梦婷

小白：“兄弟们，你们听说了没？”

众人：“什么？”

小白：“美国佬打到鸭绿江啦！”

众人：“这和我们有啥关系啊！”

小白：“朝鲜是邻国，意味着美国佬的下一个目标就是中国了啊！兄弟们，我们一起去抗击美国侵略者！保卫中国！”

众人：“好！我们参军去！一起保卫祖国！犯我华夏，虽远必诛！”

1950年10月19日，中国人民志愿军雄赳赳气昂昂，横跨鸭绿江，抗美援朝战争开始。

——汪子恒

“张大哥，好几天没看见你了，忙啥呢?”小李在村口遇见了张大哥，聊了起来。

“我就准备去参加志愿军了，这几天把家里收拾收拾，省得在外面不放心。”张大哥笑得憨厚。

“你也要去参军？真的呀?”小李的眼睛亮得耀眼。

“当然，帮着朝鲜打老美是为了咱自己呀。要是朝鲜被老美拿下了，我们的日子也不得安生。”张大哥紧握拳头。

“是啊，把老美打走之后我们才有好日子过，这仗必须打。”小李的眼睛里充满了坚毅。

“我也要去参军!”

——李甲栋

为针对农村产出较低的情况，党中央决定，开展农业合作化运动。运动中，业乡战胜了自然灾害，取得好收成，表现十分出色。

甲：“这次获得了可喜的收成，并且能进行合理分配，社长功不可没。”

乙：“哪里哪里，这次有党中央的决议，结合我们自身情况，组织好群众，才获得了这样的成绩。”

甲： “老哥别谦虚了，这次你去参加劳模大会，可是全村的光荣啊。”

乙：“这次去北京我一定会学习更好的经验，争取让我们合作社明年增产增收。”

——翁昌杰

编辑心语：

近代历史，风起云涌，跌宕起伏。我党经历了重重困难，克服了层层阻碍，对内，帮助广大人民摆脱了“三座大山”的压迫；对外，终结了帝国主义欺凌中华民族的历史。中华人民共和国成立之后，中华民族终于踏上了新征程，开启了历史舞台上的新篇章。

先是土地改革，解决了农民最根本的问题；紧接着抗美援朝，扎扎实实地站稳脚跟；再就是三大改造，团结一切可以团结的力量。中国，由战后的百废待兴，迅速以崭新的姿态，开始飞速发展。每每念及于此，常感当下幸福生活得来之艰辛。

今有幸参与文稿编辑工作，甚为惊惶，恐有负重托；幸得组员共事，承蒙不弃，得其鼎力相助，共同完成此项任务；组员高才，余于审核整理过程中，亦常受启发，汲取灵感，于我大有裨益，幸甚。在此感谢组员协助，相比于组员，我只是做了些微不足道的小工作。

望我们皆能不忘初心，互相砥砺，携手并进。唯愿祖国繁荣昌盛，人民幸福安康。

第九章
峥嵘岁月路千里　锦绣前程光万重

日新月异朗乾坤，极左思潮祸害深。
历史航船重校正，高歌奏凯后来人。

——赵晓然

〔本章梗概〕

1956—1976 年，中国开始全面建设社会主义。由于“左”倾错误影响，社会主义事业虽然有一个良好的开端，却逐渐出现了严重的挫折。中国共产党人在经历挫折的同时，依然领导全国人民取得了一系列令人瞩目的重大成就，为富起来、强起来奠定了坚实的基础。本章采录的微小说，教会我们在逆境中成长，教会我们坚定信仰，教会我们脚踏实地，教会我们以史为鉴。

“活了近半辈子了，能够亲眼看到国家的富强真是好啊！”

“是啊，当年很多国家都欺负我们。如今国家富强了，人民的生活质量也越来越好了。”

“可不嘛，十几年前美国与朝鲜的那场战争，我们国家不也去帮助朝鲜了？那叫什么来着？哦，叫抗美援朝。”

“几年前又支持了越南的民族解放战争。”

“而现在中美关系也开始走向正常化了。”

“是啊，国家越来越强大了，在国际上也拥有了更多的话语权。”

“咱们国家今后定能发展得越来越好。”

——臧荫楠

“咱们的日子真是越过越好啦！”

“是呀，活得越来越滋润了呢。”

“以前逢年过节才能杀头猪吃顿肉，现在基本上顿顿都能沾上荤啦！”

“对啊，以前咱兄弟姐妹就几套衣服换。你瞧现在，我身上就是刚做的新衣裳。”

“前几天呀，村口还开了个小卖部呢，奶糖、酥糖什么都有，这要搁以前，吃糖是件多稀罕的事儿！”

“哈哈哈，别说吃，那是见都没见过！”

“我弟弟在钢铁厂上班，他说现在都是机器干活，不仅人不累，而且产量大。”

“是啊，咱中国发展得可真好！”

——薛代钊

“兄弟，下班了，精神不错啊？”

“是啊，下班了。你看咱们的日子越过越滋润，能不高兴吗？”

“你看报纸这一段，从 1953 年‘一五’计划开始到现在‘四五’计划，我国已经基本建立了独立的、比较完整的工业体系和国民经济体系，主要工业产品的生产能力有了质的飞跃。”

“这一段，我国科技水平也有了不小的进步，尤其是‘两弹一星’表明我国在尖端科技领域的某些方面正接近世界先进水平。”

“真是振奋人心啊，我相信在党的领导下，我们的生活会越来越好。”

——苑博

村支书交给小刘担任扫盲班老师的任务后，小刘不仅认真教书，还积极劝说家长让孩子读书。

“王婶儿，村里办了正规小学是好事儿啊！为啥不让你家大妮上学啊？”

“女娃子上啥学啊？”

“可是王婶儿，你看村里跟大妮一样大的女娃不都上学了吗？而且她这么小的女娃在家也干不了啥，你干啥不让她去认识两个字啊？”

“好吧，我跟她爸商量商量吧！”

——贺元洁

中华人民共和国成立后，一个村子里，两位村民高兴地交流着。

“哎，你说说，这自从新中国建立了，咱老百姓的日子可算是越来越好了。”

“是啊！咱们有了土地，粮食产量也比以前高了许多。”

“而且国家还建了学校，让孩子们都能有学上。”

“是啊，不用再担心孩子们跟我们一样不识字了。”

——张志伟

1958年8月，人民公社的社员说："社长啊，听说隔壁社养的猪个个都和大象一般大，杀一头都够全社吃半年的了，这么下去，咱们社的名次可得被人家挤下去了啊!"

社长豪言："没事! 人家养猪厉害，咱们就搞水稻，争取能搞个亩产万斤啥的!"

社员惊讶道："啊，可咱们上半年的亩产量还不足千斤啊。"

社长自信地说："人家能养猪赛大象，咱们怎么就不能亩产万斤粮呢? 这人有多大胆，地有多大产!"

说罢，社长就带领社员热火朝天地干起来了。

后来，社长才知道，水稻亩产不是靠干劲，而是靠农业科技。

——朱昊

1971年，中国代表队赴日本参加第31届世界乒乓球锦标赛。

"小庄，今天是不是有个美国人搭错车了?"

"对啊，我们看到科恩上了我们的车，也热情欢迎了他。一路上我们聊得很开心的，最后我还送了他一块织锦，他也回赠了我一件运动衫。"

闭幕式前夕，中国外交部邀请美国乒乓球队访华，美方应邀访华。

"小庄，走，上飞机，咱们中国乒乓球队也要去访美了。"

小球转动了大球。

1972年，尼克松访华。

1979年，中美正式建交。

——江锡山

"你听说了吗? 我们国家成功研制出了原子弹。"

"听说了，我们现在有了强大的军事武器，再也不用担心其他国家的侵略了。”

“这几年在中国共产党的领导下，咱们国家全面快速发展，你看在政治、军事、医疗、教育、文化等方面，我们都取得了不错的成绩。”

“没错，咱村还建了学校，村里的孩子都能上学了。我们现在一定要好好学习，争取今后有所作为，为国效力。”

——黄锦辉

20世纪60年代，一所知名大学学生宿舍内，两个学生正在收拾行李准备回家，他们响应了党的号召，准备中断学业，上山下乡。

学生甲看到乙往包里塞书本时，疑惑地问道：“我们这是要下乡，你带这些书本干什么?”

学生乙答道：“就算是下乡，也还是可以继续看书学习的，知识这东西，什么时候都不会过时。”

听到这话，学生甲暗暗点头，也将一旁的书本塞进包里。

——李晨

长夜漫漫，秋雨蒙蒙，两名身着军绿雨衣的青年在厂区巡逻。

“华强，你说咱们老厂长还能被放出来吗?前些日子，我向他借的粮票还没还他呢。”一个青年面露愁容地说道。

“唉，建国。这一次被带到北京怕是……”

“老厂长他一辈子没做过亏心事，带着一厂子人过上好日子，怎么说打倒就打倒了?这接下来可……”

话音未落，一个人影出现在路口的转角。

“老厂长!”两人瞪大了眼睛，惊喜地喊道。

“哟!好小子们，好些日子没见了。”老人呵呵一笑，快步走来，步履生风。

两人冲上去，抱住了老人。

“我带好消息回来了，”老人用力拍了拍他们的背，“知道吗？中央粉碎‘四人帮’了!”

“这真是好消息呀。”建国惊讶得合不拢嘴。

“太好啦!”三个人异口同声地说道。

长夜漫漫何时尽？久别重逢泪未干。

——张梓乔

1949年，中华人民共和国正式成立了，农民从此翻身做了主人。由于社会主义公有制的推行，中国人民同劳作共分配，共同重建我们的家园。

在中国北方一个小村庄里，一个胡子拉碴的年轻人歪歪扭扭地躺在家里的靠椅上，嘟嘟囔囔地说着梦话。

这时，木门“嘭”的一声被重重推开，一个中年人闪进来，四处翻找着什么东西，没有找着，转头对着年轻人说道：“狗蛋啊，你有没有看到家里的镰刀啊?”

“没有没有，别打扰我睡觉。”

“狗蛋啊，你也不小了，该去地里干活了，别一天到晚总是睡。”

“干活，为什么要干活？不干活还不是每天都能分到吃的，干活又不能多分点，哥啊，你也别干了，在家睡觉多轻松。”

“睡睡睡，你一天到晚就知道睡！如果每个人都像你这样想，哪来的东西分给你？哪来的白面馍馍给你吃？哼!”

壮汉气呼呼地走出了家门，狗蛋看着哥哥越来越远的背影，似乎想说些什么，最终还是没能说出口，只是默默拿起镰刀走出家门。

——李乾波

1978 年春夏之交，为了抗旱，安徽凤阳县小岗生产大队（小岗村）村部内，几名农户聚在一起窃窃私语，琢磨该怎么应对灾害。

老王：“干了这几年的集体，粮食产量还是没上去，老百姓还是有饿着肚子的。”

老李：“搞集体让一些人有空子钻，大伙的积极性上不来啊。”

老王：“不如我们包干到户吧，向国家承包土地。自己负责作物收成产量，上税后多余的粮食自己拿，多劳多得，你们看怎么样？”

在场众人一致表示赞同。

至 1979 年，全省约有十分之一的生产队实行了这种生产责任制。

最早恢复包产到户做法的是安徽凤阳县小岗生产大队（小岗村），包产到户得到了邓小平和当时的安徽省委书记万里的支持。这个村后来被评价为“打响了农村改革的第一枪”。

——龙本欢

“东西都藏好了吗？”

“放心吧，我把东西都藏到了一个安全的地方，除了我，没人能找到。”

“那就好，这可是老祖宗传下来的无价之宝，等‘文革’过去后，我们再送交给国家。”

“老师，您说，这‘文革’……真的能结束吗？”

“当然，我们要相信党，相信国家。总有一天，我们会迎来光明。”

——王梓帆

麦收之后不久，石圪节公社就派武装专干杨高虎到双水村来，帮助他们搞生产责任制。县里表示搞生产责任制不是硬来的，搞也可以，不搞也可以，由大队来确定。

夜色笼罩，会议室里烟雾缭绕。

书记田福堂："不行，我们村坚决不能搞这个，当初毛主席号召我们学大寨，怎么能说改就改？"

副书记孙玉亭也附和："这社会已经全乱套了，竟然提倡人发家致富哩！……唉！"话没说完，就重重地叹了一口气。

村民代表孙少安激动地说："时代变了！这是中央下发的指令，当初那一套已经过时了，搞生产责任制才对我们农民有好处！"

二队队长金俊武说："少安啊，这种事情还是谨慎点好，万一人家给你扣顶资本主义的帽子……这罪，少安你可担待不起啊！"

少安："俊武哥，我听说安徽那边早就搞这个了，这是中央看他们那干得不错才推广的。"

田海民表示："到底搞不搞，最好还是由社员自己讨论决定。"

少安："我不管，反正上面说这是由各大队自己决定，反正我们一队都说要搞，说要学人家安徽的成功经验。"

——周志林

1978 年 11 月 24 日晚上，安徽省凤阳县凤梨公社小岗村某间茅屋里挤满了 18 位农民，在昏暗的油灯下低声谈论着什么，其间还时不时夹杂着叹气的声音。

一个苍老的声音问道："我们真的要这么做？"

一个年轻人答道："不这么做，我们迟早要饿死。"在场众人纷纷点头。

当中一个人拍板："既然如此，就签了吧。"说着拿出一张纸，"我再重复一下内容，一是分田到户；二是不再伸手向国家要钱要粮；三是如果干部坐牢，社员保证把他们的小孩养活到 18 岁。大家都明白了吗?”众人郑重点头，相继在纸上签了字。

又有一人说道：“我们分田到户，瞒上不瞒下，不准向任何人透露。”

众人应下，相继离去。

第二年，小岗村粮食大丰收。1980 年 5 月，邓小平在一次重要谈话中公开肯定了小岗村“大包干”的做法，随后家庭联产承包责任制在广袤的中国农村轰轰烈烈地开展起来。

——赵永辉

“爷爷，给我讲讲大庆油田的故事吧!”

“孩子，这都是因为过去一辈人的建设付出。记得，那年有个不要命的家伙……那时，油井快要喷出来了，那个不要命的……”

“怎么了?”

“立刻叫人往里倒水泥灰，自己用身体搅拌水泥，才解决了那次事件。因为这个铁人，现在才有这黑得发亮的石油顺利产出。”

听着爷爷的讲述，孩子露出敬佩的目光。

——李聪

社长宣读文件：“根据中央指示，我们要多、快、好、省地建设社会主义。”

二狗跑向社长，说：“社长，社长，我给咱社题了首诗：肥猪赛大象，就是鼻子短，全社杀一口，足够吃半年。”

社长：“唉，二狗啊，一定要实事求是啊，咱村的猪就一头，瘦得跟猴似的，大家都舍不得杀，更别提赛大象了。”

——朱旭

村子里，大伙一起看新中国音乐舞蹈剧电影——《东方红》。

老印兴高采烈地说："老王啊，今天这个戏放得真好。活这么大岁数了，我还是第一次看这种东西呢。"

"是啊，老印。你可真别说，这玩意可真神奇，怎么放出来那么多人又唱又跳的?"

老印一笑："这叫电影。听说今天这个剧还是咱国家自己做的!"

老王："毛主席是真的好啊，咱老百姓是真的过上好日子了!"

——方满娣

中华人民共和国成立后，党和政府十分重视我国文化建设，实行了大力推广普通话、扫除文盲等一系列举措。

李华正在家里收拾书包，小明同往常一样跑来找李华。

"李华，走吧，咱们去村口玩。"

"对不起，我不去了。"

"为什么?"

"咱村不是新建了一所学校吗，我妈让哥哥和我一起去那里上学。去学习文化知识，做个文化人。"

"你去上学? 听说学校倒是很好玩，不仅能学到很多东西，还能认识更多的小伙伴呢。我回去和我妈商量商量，我也要去上学。"

"那可太好了!"

——彭峥利

"小刘啊，你说你读书有什么用? 还不是在这下乡当知青?"农民老张一脸不屑。

"是啊，没用，没用!"小刘黯然，不好意思地笑了笑。

"你啊，还是好好干活，听说有不少知青就是因为活干得好，现在连老婆都有了，老婆孩子热炕头，这辈子就知足了！”

“是，是，是，知足了！”小刘没有转头。

子夜，一灯如豆，四壁清辉，小刘一个人默默地翻着书。

——刘珈豪

20 世纪 50 年代中期，中国在国际上被美国等国孤立，并受其核威胁。

“美国现在欺人太甚！竟然又派军舰侵入台湾。”

“那就打一仗，朝鲜战争不是也赢了吗？咱不怕它！”

“可是……他们有原子弹。”

“……”

“那我们也要搞原子弹！”

1964 年 10 月 16 日，中国第一颗原子弹试爆成功。

——邓壮

远处的田埂上，坐着两位老者。

他们看着眼前金黄的麦田，不禁喜上眉梢。

“老邓，你看今年的收成，比去年翻了一番啊！”

“是啊，近几年国家兴修水利，培育良种作物，咱们肯定丰收啦！”

“可不是，你看这菜苗比以前长得旺多了。”

“这全都是国家重视农业科技发展的结果啊。”

两人互搭着肩，一起走出了田间小道。

——刘威

窄小的工作室里，何工正伏案写些什么，桌上堆着一堆草稿。

小李从门口跑进来：“何工，明天就是原子弹试爆的日子了，您怎么还在这?”何工没有抬头，只是回答：“我得把这些数据再仔细核算几遍才放心，待会咱们一起，再检查一遍。”

“好!”

1964年10月16日，下午14：50。

何工和小李四手紧握，激动得都有些颤抖。

“10，9，…，3，2，1!”巨大的蘑菇云缓缓升起，巨大的爆炸声淹没了他们的欢呼声，泪水也不知何时盈满了他们的眼眶。

——何芷萱

某年夏天，县委领导扮成外乡乡民来到某乡的公社视察。他欣慰地踱步欣赏完大片麦田后，就坐在公社里歇息。

正好到了午饭时间，大家都大汗淋漓从地里回来，准备到公社打饭吃。而此时，乡里的有名无赖吴老二带着一群小弟，正从房屋旁边阴凉的角落里走出来。他们径直走向盛饭的大锅，理直气壮地插了队，随手抢了几个烧饼，哼着“只吃不干活就是爽”的小调走回了角落。

领导皱眉，看着这一切。

1961年的春天，人民公社食堂全部停办。

——王虎跃

村长从田边经过，看见翠花：“翠花啊，你家地里收成最近咋样啊?”

翠花撸了撸袖子，直起身来说：“俺家今年收成比去年还多!”

村长望向金黄的麦田：“咱老百姓就是要踏踏实实地干，响应八字方针，跟着党走。”

翠花应道：“好嘞，咱们一定听党的话，好好干活。”说完又俯下身去，一排排小麦被整齐摆放。

麦粒在风中散发清香，钻进村长鼻子后，将他的眼睛弯成月牙。

——杨蓉

“长期不懈的外交努力，打开了中美关系正常化的大门。昨日，双方在上海发表联合公报……”收音机陆续播报着。

正在工作的小郭发出一阵爽朗的笑声。

小白被笑声吸引：“怎么笑得这么开心呢，是有什么好事吗？”

小郭：“唔，听听，和美国都建交了。你说是好事不？”

小白：“看以后还有哪个国家敢小瞧咱们。”

小郭眯着眼，腰板挺得更直了。

——薛靖伟

李国强在南方小镇上溜达，路过朋友家，就进去串门。

他一进门就看到朋友王根生的儿子在认真写作业，笑道：“你儿子现在认真读书，以后有大出息哦！哪像我们那时书都买不起。”

王根生咧嘴一笑：“这多亏党领导得好哇，让我们的子女都能读得上书，将来也能做个有用的人。”

李国强瞅了一眼根生的儿子，说：“将来我儿子也要送去上学，做个有出息的人。”

——王奇

“听说我们进入社会主义后，生活会无比的幸福与快乐。”

“是啊，到时候我们不会再有饥饿，大家都会过上好日子。”

“到时候，我们的粮食会吃不完，大家要多少就会有多少。”

“真是想想就很期待啊！”

“社会主义会实现的，只要我们大家一起努力就一定会实现。”

“别光说，得加油干活。”

“说得对。”

——李玉虎

1978年的一个冬夜，安徽省凤阳县小岗村的一个屋子里，煤油灯闪着微微的光，映着一群人的身影。

“干吗?”一人疑惑地问。

“干！反正都是为了咱们自己好，干嘛不干?”一人答道。

“可是，这包产到户是不是不符合规矩啊?”另一人犹豫地说。

“这样做，咱们能有粮食，有饭吃，不挨饿，为啥不干呢!”又一人说。

“好，我干!”

“我也干!”

“算我一个!”

……

大家都在保证书上印下了自己鲜红的手印……

——樊雅恒

1978年11月24日晚上。

安徽凤阳小岗村，17户社员和生产队长严俊昌。

“唉，今年又没收到什么东西，这个人民公社我看再搞下去我们都要饿死啰。”

“我有个想法，就是有点儿冒险……”

“说吧!”

“就是我们按人头把田分了，到上交的时候，你拿多少田，就交多少粮，剩下的都是我们自个的，你们说好不好吗?”

“哎，我看这个办法可行!”

“反正都要饿死了，不如尝试一下。”

18个人在包干合同上按下了手印。

他们哪里会想到，他们这次的决定，改变了中国农民的命运，也改写了中国发展的历史。

——邓壮

编辑心语:

历经数月，我们小组基本完成了本章内容的修改和编辑。

最初受邀参加本次微小说的创作，内心还是忐忑的。原因无非有二：其一，我们本次创作内容以中华人民共和国成立后，祖国对未来发展道路的探索为素材，这要求我们不能夸夸其谈，浮于表面。内容的真实性、语言的适度性皆成为创作过程的一把标尺。其二，作为学生编辑，自身的积累不够充分，难免有点胆怯。这里要感谢小组的每一名成员，大家相互鼓励、积极探索，让我们勇敢地踏出第一步。

在此过程中，我们对这段历史有了清晰认识，懂得中国选择社会主义的正确性，进一步树立“只有社会主义才能救中国，只有社会主义才能发展中国”的信念。我们小组全体成员衷心祝愿祖国日益繁荣，也希望我们的作品能够得到大家的认可。

第十章
坚持改革兴华夏 不忘初心向未来

强军富国圆心梦，水秀山清万象荣。
反腐倡廉风气正，高扬赤帜再长征。

——张连祥

〔本章梗概〕

十一届三中全会吹响了改革开放的号角，中国共产党领导中国人民实现了历史性的伟大转折，本章采录的微小说，描绘了党领导人民为谋发展、找出路呕心沥血的场景，以及在希望的田野上，人民生活水平不断提高的喜悦心情。

夏日傍晚，青枣树下，王爷爷坐在板凳上，拿着蒲扇，轻轻地扇着风，小孙女依偎在他怀里。

“爷爷，爸爸为什么又去珠海呀?”

“因为国家实行改革开放，爸爸响应国家号召，下海经商赚大钱，这样你就能住大楼房，有更多漂亮的新衣裳了!”

“爷爷，爸爸临走前给我买了好多花裙子，还有好吃的饼干，还说下次要接我们去珠海呢!”

“都是国家的政策好哇！所以，你爸爸才能赚大钱，我们才能去珠海呀!”

“爷爷，我长大了也要跟着国家政策走。”

“好啊！你就快快长大吧!”

王爷爷轻摇着蒲扇，小孙女躺在怀里幸福地睡着了……

——张乐敏

1990 年 4 月 19 日。

“爸……”小刚灰头灰脑地走进了家门。

“怎么啦?”

小刚重重地叹了一口气：“厂里人太多，他们嫌我只会埋头做事，嘴巴不利索，把我给炒了。”

“儿啊，这不怪你，做人还是老老实实最重要。”

“昨天，党中央、国务院宣布浦东开发开放，提出了‘开发浦东，振兴上海，服务全国，面向世界’的方针……”

《新闻联播》的主持人那字正腔圆的声音从收音机中传出。

“爸，让我去上海闯闯吧。我做事本分，一定会找到工作的!”

“你去吧，国家这利好政策，让上海多了很多机遇啊!”

——吴晨璟

改革开放的春风拂过中华大地，人民的生活也在朝着小康的目标稳步前进。

这一天，云芳坐在装修一新的家里等着朋友。前两天，朋友说好久没见要一起聚聚，云芳便让朋友来自己的新家。

国家实行改革开放后，政府开始扶持工商业，云芳抓住机会，从父母那儿借了些钱，再加上自己的一点存款开了个商店。通过几年的辛苦经营，云芳的努力得到了回报，她在城市里买了房子，有了一个自己的家。

朋友们来了之后都很羡慕她的新家，云芳笑了笑，心里感慨道："这都要感谢国家的政策啊！"

——盛俞

一棵老树前，村里的老老少少都聚集在这里。村长满脸兴奋地伸出手，示意大家安静。

他清了清嗓子，大声地说道："县里已经决定以我们村为试点，试验新的土地制度——家庭联产承包责任制了。"

村民们都迷茫地看着村长，一名沉不住气的村民问："什么是家庭联产承包责任制啊？"

"哈哈……"村长笑了笑，回答道，"就是只要你们签署一份合同，就把田分到你们每个人手里，且田里的收获都归自己所有。"

村长的话音还没有落下，村民们都沸腾起来。所有的男人都开怀大笑，女人们面露喜色，老人们也不时地点着头。

看着村民们开心的面容，村长也露出了笑容。

——李乾波

自改革开放以后，农村文化生活越来越丰富。20 世纪 80 年代初，村里都出现了电影院，定期放映电影。

这一天，又到了放电影的日子。

老杨："老王，村里放电影了，快点儿去啊，晚了没地儿了。"

老王："好嘞，等我手里活忙完了马上就去，要不你先走?"

老杨："没事儿，等你会儿，我和你一起吧。"

老王："也行，哎呀，当初哪有看电影这事儿? 现在这日子过得舒坦啊，都是共产党领导得好啊!"

老杨："是啊!"

老王："好了，咱走吧!"

——王嘉辉

兄："国家搞改革开放了，我打算去深圳闯一闯，你去不?"

弟："哥，去那能成吗?"

兄："我觉得能成，跟着国家政策走，准没错!"

弟："哥，我还是安心在家种地吧!"

兄："好吧! 那我就一个人去。"

多年后……

一个穿着西装、开着轿车的人说："老弟，我回来了!"

弟："你是?"

兄："你哥呀! 你小子，把我忘了?"

弟："哥，你咋像变了个人呢? 我都认不出来了!"

兄："改革开放好啊! 我在深圳做生意，开了个厂!"

弟："哥，我也想去闯闯，你带上我吧!"

兄："好啊! 咱们跟着国家的步伐，准能闯出一片新天地!"

——韩啸天

子夜，月光通过窗户静静地泻在屋内的地上，两个年轻人躺在床上，聊天……

“你知道吗？眼下党正在实施改革开放政策，在党的领导下，农业、工业、手工业都一片欣欣向荣啊！”

“我当然知道，多亏了国家的改革开放政策，我们才能找到这样一份好工作呀！”

“是啊，只要坚持党的领导，我们的生活就会更加幸福美好，祖国也一定会更加繁荣富强！”

渐渐地，两人都进入了梦乡，窗外，月光照亮了整片大地，等待他们的是新的美好未来……

——余俊超

二虎和玉林是同村的好兄弟。秋日的一天傍晚，两人忙完农活坐在田埂上，看着远处天空的灿烂晚霞，听着晚风吹过金色稻浪的“沙沙”声。

“二虎，等稻子收完了，我打算去深圳，国家在搞改革开放，我想在那找份工作，多赚点钱。”玉林看着二虎，真挚地说。

“行啊！我和你一起去，国家的政策肯定错不了，到时，咱们一起赚大钱！”二虎爽快地回答。

“行！等稻子一收完，咱就走！”说着，玉林站起来，拍拍屁股上的灰，向二虎伸出手。

二虎一把握住玉林的手，迅速起身，两人哼着小曲，快乐地回家了。

——张传杰

书记李福成把村里人召集起来，说是要宣布一件大事。村里的老老小小都聚集在一起，等着李福成宣布。

“你说，会是啥事啊？”一位村民好奇地问自己的妻子。

“我咋知道？也许是好事？”妻子猜测着说。

“大家安静，听我说。”这时，李福成说话了，“告诉大家一个好消息，以后咱们就实行包产到户了，家家都有地，咱们的收成也会更好。”

“太好了！”所有的村民都高兴地欢呼起来，就连三岁的小孩子也跟着蹦蹦跳跳起来。

李福成看到这一幕，流下了喜悦的眼泪……

——张左右

20 世纪 80 年代的一个院子里。

“放电视咯！”一人大喊。

突然，一群人争着跑了过来，嘴里还喊着：“快快，不然抢不到位置了！”

21 世纪的现在。

“新闻时间到了，帮我打开电视。”父亲说着，母亲拿着遥控器打开了电视。

“哦，电视剧时间也到了，我去手机上看吧！”女儿拿着手机看了起来。

短短几十年的时间，改变了的不仅仅是观影方式，更是人们的幸福生活。

——王奇

老刘刚从医疗室里出来，迎面就碰到了老王。

老刘：“这不是老王吗？你也生病了？”

老王：“唉，这几天感冒了，来拿点药。”

老刘："咱们现在的生活质量真是提高了，以前生病咱们都是硬撑着，就怕没钱治啊。"

老王："是啊，党的政策好啊，自从建立了医疗保险制度，我们看病容易多了。"

老刘："对，真是为我们老百姓造福。"

老王："说的没错，不聊了，该到我去拿药了。"

老刘点点头，说着，老张便转身高兴地去拿药了。

——李玉虎

"老李老李，你听说了吗？邓小平同志发表了《关于农村政策的谈话》，肯定了包产到户的形式呢！"老张高兴地喊道。

"真的吗？近几年我们试行的农业生产责任制取得了不错的成效，这中央一肯定，大家更有信心放手去干，我们的小日子必会越来越好啊！"

"不仅如此，政府还允许农户自主进行多种经营呢，我们以后也能多赚点钱了。"

"这日子，真是越来越有盼头了呀！"

——张丰翼

1977 年，中断了十年的中国高考制度得以恢复。

陈世新激动地叫了起来："妈，您看今天的报纸，高考制度恢复了！"

陈世新拿着报纸冲进厨房，递到陈妈面前。

正在做菜的陈妈赶紧拿起一边的抹布擦了擦手，拿起报纸看了起来。

"妈！我想参加高考！"陈世新的眼里闪着光芒。

"知识改变命运呐，女儿，爸妈支持你去考大学！"

数月后，邮递员将一封录取通知书邮件送到陈世新手中。

“妈妈，我考上了，我考上合肥工业大学了！”

——刘珂

1984年初，邓小平视察深圳、珠海等地，对经济特区的发展给予了充分的肯定。

“听说了吗？邓小平同志肯定了我们深圳的发展呢。”

“是啊，不过，都是因为党的方针政策好，改革开放，引进外资。想以前，我们兢兢业业干十年，也抵不上现在一年啊！”

同年5月，中共中央进一步开放天津、上海等14个港口城市，多层次的对外开放格局逐步形成。

中国西部的一个小村庄里。

“哥，咱们去东部港口城市闯闯吧，那里的工作机会一定比家乡多啊！”

“你说得对！咱收拾收拾，明天就去买火车票！”

——罗宇康

甲坐在阳台边的椅子上，望着窗外的高楼大厦，不禁感叹道：谁会想到这里在几十年前只是一个破败的小渔村呢？他的思绪随着风回到了过去……

一个衰颓萧条的渔村内。

甲：“听说了吗？国家好像要把我们这里划为开发区。”

乙：“你听谁说的？就我们这破渔村，有什么值得开发的？”

甲望了望四周破败的景象，觉得乙说的好像也对，不禁摇了摇头，拎着鱼篓回了家。

那时的他们不会相信，这个不起眼的小渔村凭借着党中央的改革政策，依靠着它得天独厚的地理优势，驶入了经济发展的快车道……

——李晨

改革开放后，各式各样的新鲜事物被引进国门，人民生活质量极大提升。

“二狗子，这种新玩意儿叫作汉堡，特别好吃，你也尝尝。”小王说。

“我就是饿死，也不会吃资本主义一点东西！”

夜里，二狗子啃着汉堡，满足地感叹：“真香啊！”

——陈育翔

1983 年。

转眼又是过年时，小张三年前离开家乡去南方做生意，今年才回来过年。

小张拎着年礼来到小李家中：“好久不见啊，朋友，这些年过得还好不?”

小李摇了摇头：“这些年还是跟以前一样。你呢？这几年没回来，看样子混得不错啊！”

“这还得感谢国家的改革开放啊，生意做得还行。要不过完年你跟我一起去南方吧，我们兄弟俩一起努力，肯定可以干出一番事业。”

小李思考了一下：“好，过完年，我就跟你走，今后我们兄弟同心，一起打拼。”

——余毅恒

小海毅然地背上行李，踏上了南去的火车。

村里刚刚给每户都分了地，但小海年轻气盛，有着更高的理想。

“哥，我去深圳打工了，听说那儿最近发展得特别快，我想去闯闯。家里就拜托你了！”

五年后。

大海正在门前耕地。

一个西装革履的人拎着大大小小的礼物走了过来。

“我回来啦，哥！”

“小海……”大海不敢相信地揉了揉眼睛。

“哥，走，快回家坐坐。咱们聊聊天！我这几年啊，在深圳可长了不少见识呐！”

哥俩乐呵呵地走进了家门。

——牧汕

张三在昏黄的煤油灯旁抱着书，一言不发。

张爹叹了口气：“娃，爹知道你想读书，想参加高考，可这学校都停课了，你还怎么读？唉，可怜咱就是当农民的命啊，你还是先跟着我种田吧。”

1977 年，恢复高考后。

张三冲进家门，激动地挥舞着手中的报纸：“爹，你看，高考恢复了！”

张爹一把夺过来看，才意识到自己不识字，但还是无比高兴：“太好了！咱农民终于有改变命运的机会了！走，娃，爹带你报名参加高考去！咱家一定要出个大学生！”

——刘紫薇

村头，锄完地回家的甲和骑自行车赶集回来的乙碰面了。

甲：“你这是去了哪儿啊？”

乙："这不天气好，我去街上买点东西回来！你这每天勤快地锄地，今年预计收成怎么样啊！"

甲："还行吧，多劳多得嘛！这改革开放以后，地里产的粮上交一部分给国家和集体，剩下的都是自己的，只要人勤快点，自己家还能余不少呐！"

乙："可不是嘛！改革开放的好处真是多。这以前路都是泥巴的，上街都嫌麻烦，现在修了马路，我也买了自行车，上街可方便多了。改革开放，就是好哇！"

——侯梦玲

1980年。

小王："爸，跟你商量个事儿，我……我想去深圳做生意。"

老王："胡闹！家里的店铺交给你打理，你都做不好，还想去人生地不熟的深圳，你以为做生意那么容易？"

小王："爸，现在国家正实行对外开放的政策，深圳那边是对外开放的窗口，发展机遇多着呢。我还年轻，想自己去闯一闯，你相信我！"

老王："那……这样，我给你两年时间，你要闯不出什么名堂来，就老老实实给我回来接手店铺。"

小王："好，我答应你。"

两年后。

小王满面春光地开着一辆崭新的小轿车回了家。

——董强军

两名老人在冬日午后的阳光下坐着，回忆着改革开放初期的故事。

张老："那时农村特别穷，一家一户按人口发放补贴，要求每家只能买猪，最后因为买猪的钱都用完了，日子过得很拮据！"

李老："是啊，过了几个月，村里又直接买猪发放到户，我们只能把猪卖了，最后还是吃不饱、穿不暖。"

张老："这种情况已经一去不复返了，政策好，我们的日子都过得好了。"

李老："是啊，现在咱们真是享福了。"

张老："对，咱们都享福啦!"

在温暖的阳光中，两位老人一直笑着说今天的故事……

——胡超逸

1997年7月1日零点，两位耄耋老人相聚于电视机前，看着中华人民共和国国旗和香港特别行政区区旗冉冉升起。

陈老："你，你……你看到了吗?!"

张老："看到了，看到了……"

陈老："原来不是梦，原来不是梦……"

陈老呢喃，突然抱住张老哽咽起来。两人流下了激动的泪水，亦流走了横亘在中国人民心中那长达155年的痛楚。

——余小涛

1978年，中国实行改革开放。

老人："小伙子，我听人说国家要实行改革开放了，是真的吗?"

年轻人："老爷子，您没听错，是真的。"

老人沉默了一会说："改革开放好啊，我们这些老百姓的好日子要来了。"

年轻人："是啊，咱们的好日子就要来了，老爷子，您就等着享福吧!"

老人听了，捋了捋胡子，高兴地大笑起来……

——刘洋洋

1986 年，老刘和他的老同学，任职教育部的老张聚会。

老张："老刘，你混得不错嘛，都从教书先生升级到校长啦，祝贺呀!"

老刘："老张啊，我在山里办这个学校，是为了让山里的孩子多读点书，可是山里穷啊，多少家长为了省点学费，早早地就让孩子辍学回家种田，唉!"

老张："别担心，现在国家为了提高人民文化水平，让家家户户的孩子有书读，推行九年制义务教育，高中之前都不用交学费啦!"

老刘："太好了! 以后，这山里的孩子也有书读了!"

老刘皱着的眉头终于舒展开来……

——黄玉文

李婶和张婶坐在门口的大榕树下择菜，她俩的孙子在远处玩耍。

李婶："他张婶，那个家庭联产承包制真是好哇，咱们生产粮食，保证国家的，留足集体的，剩下的都是自己的。"

张婶："是啊，终于不愁吃了，你想想咱小时候那日子过得真是苦啊!"

李婶："对呀，现在咱国家一天天地变化，好日子就要来啦!"

张婶："对，真替这些孩子们高兴，生在好时代，只要自己肯努力，那就一定有前途。"

说完，两人看着在远处玩耍的孙子，高兴地笑了。

——琼吉

1978 年 10 月，政府宣布私营企业获准重新经营。

"我们开个小饭馆吧，国家现在对咱私营企业有政策保障了。"郭培基对老伴说。

“行，听你的。”老伴爽快地答道。

饭馆终于开张了，街坊邻居作为他们请来的首批客人来了很多，场面很是热闹。

这个小饭馆就是悦宾饭馆，它是改革开放后的第一家个体餐饮，而创办它的就是他——郭培基。有人曾问他成功的原因，他笑了笑，说：“这一切，都是改革开放带来的啊！”

——王安继

1990年的一个夜晚，他站在海峡这边，远望着海峡对面。夜晚的大海依旧波涛汹涌，此起彼伏的海浪似乎在拍打着他的心，他想念大陆的亲人，却只能隔海相望。

终于等到2008年。

“你快看今天的报纸，两岸‘三通’实现了！”

“你终于可以回家见到阔别已久的亲人了！”

“真的吗？”

“真的，快准备回家吧！”

一刻也不想再等，他飞奔着踏上了回家的路，而鬓发已全白……

——王世伟

“哥，我想开一间手工作坊，专门从事咱家祖传的竹制品生产，你觉得怎么样？”

“好是好，可是，谁会要咱们这穷山村的竹制品啊！”

“哎呀，哥，这你就不知道了吧！改革开放的浪潮已席卷全国，咱们的产品不仅能卖到全国各地，甚至可以卖到国外呢！”

“真的？那咱们就开始做吧！”

“好嘞！我这就去准备。”

几年后，兄弟俩合开了一家竹制品公司，不但在国内取得辉煌的成就，而且还让祖传的竹制品走向了国外……

——李康

老张最近总是愁眉苦脸，干活时也唉声叹气，整个人憔悴了许多。

一天傍晚，干完农活后，老刘关心地问："老张，你怎么了？最近有啥事吗？"

"唉！"老张叹了一口气说，"狗儿要上学了，愁钱啊！"

"别担心，昨个儿我听书记说，要搞家庭联产承包责任制了，以后家家都有地，交了国家和集体的，自己还能有余粮呢！"老刘拍拍老张的肩膀说。

"太好了！有余粮，狗儿读书就有指望了！"老张眼中饱含泪水。

老刘点点头，说："是啊！有指望了！"

说完，两人在傍晚的余晖中，吹着口哨，迈着轻快的步伐回家了……

——孙澳

1977 年恢复高考，1978 年实行改革开放，转眼就到了 1979 年春节。晚上，外面大雪纷飞，老张来到儿子的房间，见儿子还在学习。

"孩子，天不早了，早点休息吧。"

"爸，我一刻都不能松懈，现在高考恢复了，改革开放，国家在给我们创造机会，我得抓住才行。"

"说的是啊，我也希望你能展翅高飞，为国家做贡献。"

"爸，您放心。明年我有信心考上大学，为我们家争光，为国家做贡献。"父亲欣慰地看着孩子，脸上露出了笑容。

——尹德鹏

1979年春天，一位老人在中国南海边画了一个圈。

这个圈发生了翻天覆地的变化……

深圳："我们居然能从一个小渔村发展成现代化城市，太幸运啦！"

厦门："改革开放就是好哇，让我们一起并肩往前走吧！"

珠海："兄弟们的队伍会越来越大的！"

汕头："此话怎讲？"

珠海："后面又来了一个圈呢，我们要去带带他啊！"

海南："老兄们等等我，我会跟着你们好好学习的！"

——廖德康

老李正在家里收拾东西，隔壁彭彭见了问道："哥，你真要去深圳啊？就在咱家附近找个活儿干不也好得很吗？"

老李拍了拍他的肩膀："国家现在设立经济特区，我得去打拼打拼！"

"经济特区怎么了？"

"那儿有国家政策的扶持，也有外资投入，机会可比咱们这村多多了！"

"那哥，我也跟你一起去！"

阳光正好，两人并肩踏上了南下的旅程。

——何芷萱

辛酉鸡年秋，一个丰收的季节。

这一天，老李路过老王家，发现他家院子里晒的稻子比自家的多很多，不由得皱了皱眉："不对啊，他家的地比我家还少一点呢，怎么这收成比我家多了那么多呢？"

老李是个直爽人，他冲着老王喊着："老王啊，你今年收成咋这么多呢？"

老王：“我啊，今年种的是新品种，叫‘杂交水稻’。我也是去买种子的时候才知道的，听说是那些科学家搞出来的。看这收成，他们还真是厉害啊！”

“真的啊，那明年我也种这个试试！叫杂交水稻是吧！”

——范方银

“文默，你知道早年咱队的二溜子吗？穷的日子没法过了，他在别村做了点倒腾买卖的勾当，后来被发现了，为了躲开公家责罚跑了。”

“那浑小子哪个不记得，你又听到啥了？”

“我听人说他回村了，还在那村委会门口讲话呢”。

“啥，还敢回来。走，咱也去瞅瞅。”

“乡亲们，当今改革开放，这是我从深圳带来的三转一响，给大家见识见识！”大家挤着来到了台前，看到了新玩意。只有文默低着头，像是在思索什么。

几年后，文默创办了新公司，带动了全村的经济发展。

——彭可军

1966 年 6 月，中国高等院校停止一切招生考试，大学教育几近瘫痪。

天刚刚亮，小张又开始读书了。过了一会，阿爹起来干活，听见他在读书，忍不住骂骂咧咧：“一天到晚尽知道读书，家里这么多活也不知道干！”

十届三中全会后，邓小平同志主动要求分管科技和教育工作，中断 10 年之久的高考恢复了，小张知道后愈加勤奋地读书。

1977 年冬天，小张同 570 万考生一起走进了考场。

——王慧琳

“哟，老李，最近总对着报纸钻研什么呢?”老赵拎着菜走过来问。

老李抬起头说：“你听说过‘一国两制’吗?”

“老李，你也太瞧不起人了，这谁不知道?”老赵自信地说。

老李想了想，疑惑地问:“那资本主义和咱社会主义真能搞到一块儿去?”

老赵笑着说：“唉，两制有分歧，一国是关键，有什么事情，咱们关起门来自己商量解决!”

老李合起报纸，点了点头说：“在理，在理。”

老赵点点头，拎着菜慢慢地走回家了。

——牛赵松

“神舟五号”载人飞船于2003年10月15日9时在酒泉卫星发射中心发射，它将航天员杨利伟及一面具有特殊意义的中国国旗送入太空。

许多人都守在自家的电视机前，观看这一激动人心的时刻。

“10，9，8，7，6，5，……”

“改革开放以后，科技真是越来越进步了，现在连飞船都要上太空了!”电视机前的刘明对自己的同伴说道。

“可不是嘛！国家强大，人民富裕，日子就要越过越好了。”

“4，3，2，1，发射!”

“太好了!”

众人都为飞船的成功发射而欢呼起来。

——苏雅婷

老张带着一身的风雪走进屋，把门重重关上，像是要把凛冽的寒冬也关在屋外，轻唤孙儿：“娃儿，去李二狗家打壶酒，好去去寒。”

小孙子笑道：“爷你忘啦，李二狗早就关了村里的酒铺，现在在县城开酒厂啦。”

老张挠了挠头：“那你去给爷把炕热了，咱等会儿睡觉。”

小孙子回道：“爷，今晚爸要带我们回城里，说家里新装了空调。爸说那是个大嘴，嘴里能吐风，冬暖夏凉。爷，别想啦，收拾收拾，爸说了，咱晚上一起进城，您也该享享福啦!”

——丁乙锐

1978 年 11 月 24 日的晚上，18 位村民挤在一间茅草屋里。

老严说：“乡亲们，我们要干一件大事。干成了我们就可以过上好日子，但要是干不成可能连命都保不住。你们都想好了吗?”

这时老吴说：“要干就不再怕啥了，再苦还能比出去讨饭惨吗? 我们一定要使小岗村摆脱‘吃饭靠返销，用钱靠救济，生产靠贷款’的困境。”

村民们激动不已，都表示要大干一场。

“那好，我们就来做个保证书，按下自己的手印。”

那一夜，18 个人按了手印，昂首挺胸走出了茅草屋，屋外是灿烂的星空。

——石文仪

1978 年 11 月 24 日晚上，安徽省凤阳县凤梨公社小岗村西头严立华家低矮残破的茅屋里挤满了 18 位农民。关系全村命运的一次秘密会议此刻在这里召开。

“干不干?”严立华问。

“干，对咱有好处，为啥不干?”一村民说。

“……干! 干!”其他村民都表示赞同。

“好! 咱们一起干!”严立华下定决心。

这次会议的直接成果是诞生了一份不到百字的包干保证书。

1979 年 10 月，小岗村粮食获得了大丰收。

——孙妮

编辑心语：

时光如梭，转眼间第十章的编辑工作已经进入尾声，在这个过程中，我们有了很深刻的感受。

在编辑这些微小说的时候，我们其实觉得有点惭愧，因为很多历史知识我们掌握有限，不能确切地陈述。在中国近代史纲要课上，老师说过这样一句话“忘记过去，就意味着背叛”，现在，我们通过编辑这些微小说，又对这些历史回顾了一遍，有了新的感悟。

回首过去，改革开放至今，四十多年的光景，从当初的贫穷落后到今天的繁荣富强，在党和国家的带领下，所有的中华儿女团结一致，共同努力，开创了新时期现代化建设的新局面，书写了中国特色社会主义发展的新篇章。如今，我们的祖国更加繁荣昌盛，政治、经济、文化、社会、生态文明，五位一体，全方位发展，作为中华儿女，我们每个人都感到深深的骄傲和自豪。与此同时，在未来，我们也将继续为实现中华民族伟大复兴的中国梦努力奋斗，为祖国创造新的辉煌！

最后，我们真心地感谢这段经历，虽然工作已经结束，但我们一直在路上，不忘初心、继续前进。我们坚信，未来更加光明……

第十一章
建小康前瞻秀景　圆初梦奋斗高标

灿烂辉煌七十年，军民勠力谱新篇。
复兴美梦同心筑，仰望飞龙遨九天。

——张进财

〔本章梗概〕

2012 年 11 月，中国共产党第十八次全国代表大会在北京召开，标志着中国已经进入全面建成小康社会的决定性阶段，开启了中国特色社会主义新时代。中国共产党人不忘初心，牢记使命，带领全国人民为实现中华民族伟大复兴的中国梦不懈奋斗。本章采录的微小说，展现了中国人民迈向第一个百年目标的坚定步伐和满腔豪情，以及对第二个百年目标顺利实现的美好畅想。

晚饭后，孙子陪着奶奶看电视。

“娃呀，你是咱家最有文化的人，这电视里天天说着中国梦，你说说，那到底是个啥呀？”

“中国梦，是习主席说的，是实现中华民族复兴的伟大梦想！”

“你慢慢说，我听不大懂。”

“就是国家富强，民族振兴，人民幸福！”

“这样好啊！你要好好学习，将来也为咱们祖国效力！”

“好，奶奶，我一定努力！”孙子拉着奶奶的手，坚定地说。

奶奶摸摸孙子的头，笑了，笑得很开心……

——冯凡

中午，公园里几乎没什么人了，可一位青年仍在这里愁眉不展。忽然，他被人拍了拍肩膀，抬头，是家对面的刘大爷。大爷关心地询问他的状况，本来就为了工作的事焦头烂额的年轻人，这下忍不住大倒苦水。

“大爷，咱这制造业一年不如一年，技术比不过欧美日韩，成本拼不过印度越南。您看，我连工作都丢了！这可叫我以后怎么过呢？”

大爷在青年旁边坐下：“这话有些偏颇，制造业转型是个长期的过程，要慢慢来。这实体经济是国之根本，十九大不也强调金融、互联网服务实体经济吗？三大经济圈、五个城市群各有风采，努努力总能闯出一番天地的！”

“您说得对！要渡过眼前的难关，不能放弃！”

——张梓乔

李先生与老刘分别已经十年了，今天两人终于得以重聚。

“老刘，我这些年没回村里看望乡亲们，惭愧啊！”李先生自责道。

“没关系，乡亲们知道您忙，都很体谅您。”老刘笑道。

“那乡亲们这些年生活咋样？”

“这些年乡亲们生活都变好了，这都多亏政府推行农业改革，给我们农民这么多补助。”

“是啊，现在国家经济高速发展，国家越来越强大！”

“嗯，老百姓的日子越来越好了！”

“哈哈哈……好，咱俩为崛起的祖国干一杯！”

两人举杯大笑，酣饮畅谈……

——刘帆

一天，在村书记的召集下，村民们陆陆续续地来到村会议室。

“都来齐了吧，今天，我们为了响应国家号召，决定观看一部片子来学习社会主义核心价值观。”

纪录片开始放映。

“这说的可真正在理啊！”

“的确的确！”

“如果大家伙儿都能自觉地做到这些，那咱们民族振兴、祖国腾飞指日可待呀！”

“现在都提倡文明道德，咱乡下人也不能比别人差呀！”

“对，对，我们也要为构建和谐社会献出一份力。”

乡亲们受到了强烈的鼓舞，精神面貌在不知不觉中正发生着深刻变化……

——陈玉婷

2014 年 10 月，“全军政治工作会议”在福建省上杭县古田镇召开，习近平主席出席会议并发表了重要讲话。

老红军爷爷正坐在家中看报，孙女从门外跑来。

“爷爷，爷爷！您上新闻啦！”

“看到了，看到了，习主席对老区人民牵挂在心，先后19次来到我们闽西，每次都要专程看望我们这些‘老骨头’。”

“是呀。新闻上说，习主席这次专门把10位老红军、老游击队员、老接头户请到古田党员干部教育基地亲切座谈。爷爷您快和我讲讲座谈时的情况吧！”

“习主席呀，拉着我们老同志们的手嘘寒问暖，我这把老骨头真是倍感荣幸哇！”

——余林冰

伸缩办公室里，超俊坐在超级计算机边上。

这里并没有敲击键盘的声音。通过脑电波的识别，超俊的想法在电脑屏上渐渐生成为一份会议报告。

大功告成。打印出来吧，明天带着这份精美的纸质稿，讲述全球森林规划，他就会成为全会场最靓的仔。

供纸不足的提示声响起，这不是问题——他拿起手边一叠用过的纸放入净纸机，一分钟后，全新的纸张从机器对面的端口无声地滑了出来……

—— 郭万兴

温室效应还在持续，冰川融化，海平面急剧上升，陆地已不足以为人类提供足够的居住地。

一个伟大的“流浪家园计划”正在酝酿。

所谓“流浪家园计划”，就是建造足够多的漂浮陆地，由小型核聚变发电机提供用电，以及海水淡化的能量。漂浮陆地漂浮在海面上，水下部分安装有大型螺旋桨，可以根据需要，前往大洋的任何地方。

占地球表面积七成的海洋被开发，为人类提供了居所。

地球的拥挤永远地留在了昨天。

——章广文

凌晨，伴随着警笛声，救护车送来一位老人。他在家里摔伤，严重失血。

主治医生为他做了紧急处理，然后吩咐护士："快，输血。"

"是。"护士应道。她拿起老人的身份证，插入造血机的卡槽。

很快，鲜红的血液从机器流出，顺着导管输入老人体内。

经过无声但紧张的等待，老人醒来了。

"三十多年前，还靠献血维持血液供应呢，现在，献血已经成为历史咯!"老人想起家里那一小沓早已泛黄的献血证，笑着说道。

——陈李萌

站在地月电梯里俯视地球，城市的万家灯火就像散落地上的一颗颗星，闪动着、绵延着。庆国知道，那万家灯火里，有他家人的喜乐悲欢。

作为驻守月球基地太空军的一员，每一年的春节，庆国都得和家人分别。这是他的责任，也是他的荣光。

他离地面越来越远，耳边好像传来了鞭炮声，眼前浮现出妻子和女儿的身影，就好像站在他面前一样。她们一起向他招手，暖心的笑容近在眼前——地月通信取得了重大突破，人们已经可以在远离地球的地方进行 3D 通信成像。

他想大声向妻女喊出新年祝福和想念，又一时语塞。喉结耸动了几下，泪水已湿润了眼角。

这泪里又伴着笑。

——王子创

“小智，报告40号病床病人情况。”

“报告，40号病床病人肿瘤扩散，已经达到临界点。”

“分析病人数据，设计治疗方案。”

“是。根据病人情况，请求注射100型水凝胶进行治疗。”

“有备选方案吗?”

“报告，有三种备选方案，已经备份到病人档案，优选注射100型水凝胶方案。”

“可以注射。”

“是。已经向智脑医用机器人下达指令，三分钟后完成注射。”

——就像百年前人们幻想的那样，癌症已成了感冒般可防可控可治愈的小病，成为科学家们的手下败将。

—— 陈伟烽

“醒了，醒了!”

小百缓缓地睁开了眼睛，发现自己瘫痪多年的双腿居然又有了知觉。

“我们在你的身体里植入了一块微芯片，你可以通过它来控制身体四肢。你又可以站起来了，恭喜你!”

一年前，为了帮助瘫痪病人重构身体机能，医科大学开始了这个公益项目。小百毫不犹豫地投递了申请，在此之前，他已经靠辅助器械生活了十年。

小百双脚踏地，猛地站起来，还有些摇晃。

他的双眼满是泪水。转过头，他望向智能电子钟。

时间定格在2049年10月1日，他在共和国生日这一天重生了。

—— 许心愿

“咚”的一声，他掉入水中。

风暴中，船体被海浪撕裂，发出 SOS 求救信号不过几分钟，船便被狂躁的大海吞噬。

“我不能就这样……就这样死去，我还有家人……我还有……”

波涛汹涌，他渐渐放弃了挣扎。

朦胧中，他看到一只海豚朝他游来，似乎是来带他逃离这深渊的。

“这是濒死前的幻觉吗……”他闭上了眼睛。

海面上风浪依旧。

猛然睁开眼睛，大脑仍是一片空白。“仿生型快速救援机器人 A03 号为您服务。我们已在事故发生十分钟内抵达现场进行救援，将尽全力呵护您的生命安全。”原来是海岸警卫队的救援机器人。他紧紧抓住身下的海豚型救援机，滑润的智能皮肤传来阵阵暖意。

不远处，海岸线的轮廓逐渐清晰起来。

——宋词

“请所有工作人员到各自的模拟驾驶舱，准备起飞！”今天是他们执行第 2049 次森林火险检测任务，持续的高温令全球森林火灾形势严峻。

“报告，A-123 机热成像画面显示红色预警。”

“空间站，启动制冷。”

“空间站收到指令。”

“A-123 机，报告情况。”

“报告，目标区域气温降低，短期内不会发生火灾，预警解除。”

他们又一次完成了任务，明天又要再次出发。森林守护人类，他们守护森林！

——王健斌

“骑上我心爱的小摩托，它永远不会堵车。”在列车孩童室内，我看着窗外以惊人的速度变化的景色，听着女儿欢快的歌声，心情愉悦。

“好不容易的时光呢？”爱人拉住我的手，眼睛里满是脉脉的温情。

“是啊，”我回过头笑道，“总算有空带女儿回西藏看看了。”

“那接下来你打算干什么呢？”

听着女儿唱着童谣，合肥那边工作的事暂时被抛在了脑后！

“嘟嘟嘟。”一阵小摩托的声响，很快就要到家了。

—— 席腾越

傍晚，结束了一天工作的母亲赶到家，奔到厨房。这么多年，这是她熟悉的节奏。

今天走进厨房，看到的却是一幅全新的画面——只见一台机器正在切菜，那土豆丝匀称到令她这个主妇也有些许嫉妒。

她忍不住对身旁的儿子问道：“这是什么？”

儿子笑道：“妈，这是我发明的全自动食材处理机，可以自动清洗、加工食材，还可以根据食材生成最营养的菜谱。”

看着母亲惊讶的表情，儿子笑着说：“每次看您下班赶回家做饭都很辛苦，我一直努力想要发明这个机器。这不，以后您再也不用辛苦做饭了。”

母亲将儿子拥入怀中，说道：“儿子你真厉害，妈觉得一切辛苦都是值得的。”

母子二人相拥而笑，享受着温馨的一刻。

—— 范汇俊

清晨第一缕阳光触动了窗帘启动钮，阳光洒满了房间。

今天是个特别的日子，冯先生要去接回阔别十年的妻子。十年前，妻子器官衰竭，头部被送去冷冻室。经过多年身体重塑和拼接调试，妻子的头部终于和身体融合。

再次相逢，冯先生的泪水与笑容都在脸上。

他紧紧握住妻子温暖的双手，感受着她手臂上的温度，36 度。

——张想

嘀……嘀……嘀……

“3154 号生命体征检测正常，准备打开舱门。”

玻璃舱门缓缓开启，白雾四散溢出……

李宗缓缓睁开双眼，清脆的女声传入耳中：“李先生，欢迎醒来。”

清晨，李宗来到窗前，将手轻轻放在了右肋部上。

20 年前，他检测出了肝癌晚期。不久，他参与了“冬眠计划”，这是一项将重病者冷冻起来，于未来唤醒再进行救治的伟大创举。

两天前，儿子将他唤醒。昨天，他的肝癌已经完全治愈。再过 3 天就是新中国成立 100 周年了。李宗看着窗外洋溢着一片美好与安宁的北京城。他眺望着飘扬的五星红旗，嘴角微微上扬，仿佛看见了自己美好的未来。

——刘潇翔

2049 年 10 月 1 日，安徽黄山风景区，人头攒动，摩肩接踵。

“各位旅客，时逢新中国成立 100 周年国庆假期，景区游客众多，前方道路拥挤，通行缓慢，请各位少安毋躁，听从安排!”大脑中传来工作人员的声音，无须焦急，等待即可。

每位游客在进入景区时都领取了一颗带有编号的链接胶囊，它可以提供游客的实时位置，还可以接受工作人员发布的指令。

“编号尾号为 1、2、7 的旅客请走空中走廊，空中走廊已开启，祝各位旅途愉快!”

——许美娜

“这密码真的不能保存到几百年以后吗？虽然我们现在破解不了它，但以后一定可以！”

“纸肯定不行，电子储存的话，其载体可能在时间的流逝中被毁，所以您的要求……”

“可是这段密码很重要，它可能……”

“……”

“等等，或许我们可以！”

一段密码，被刻在了一个单细胞生物的基因里，这段编码将一直随着细胞保存下去。联合国决定将它送往中国，因为中国可以让它被保护得很好，并且，将来，会由富有智慧的中国科学家揭开它神秘的面纱。

——杨婉莹

田老汉八十多岁了，精神足得很。

周末的晚上，孙女梦梦来了，一家人乐呵呵地吃着晚餐。

梦梦吃着热腾腾的白米饭，边吃边说道：“爷爷，米饭真好吃，今天我要多吃一碗！”

“吃吧吃吧，你胃口好，你爷爷高兴还来不及呢。”奶奶也乐开了花。

新一季的水稻刚刚成熟，这是最新型的农业技术培育而成的——种植水稻可以在一个密闭的空间内，对设备进行远程操控，在设定的温度下进行播种、施肥、收割等操作。田老汉深有感触地说：“如今有了这些技术，这个季节我才有时间和梦梦一起吃饭啊！”

“一百年前的农民真不容易。那时候的农民面朝黄土背朝天，不少农民到老了就伛偻着身子，健康也得不到保证。”

“现在像你爷爷这样的农民老汉，腰杆子笔直，帅气得很呢！”

——马田甜

老李一个人坐在院前的长廊上，抬头痴痴地看着头顶这片天。

“老李，怎么一个人坐在这?”

“看天哪，今天印放的是北极光，一定美得很!”

“天天看还没够?”

“现在市政整的这个天空印放，真的太好了！每天根据前一天中午的市民投票来决定当天的天空背景，我那忙忙碌碌的儿子现在也能偶尔停下脚步看看天，真好!”

—— 章利芳

是夜，静得可怕。

北京的一家制衣厂内。

顶层办公室中，“哈哈，听说北京一家科技中心又研制出了一大批低等制衣机器人，如果我们把它买来，公司的利益将会翻上一番!”

“好的老板，我马上去办!”

底层车间里，正在辛苦工作的女工们，脸上露出了无助的神色：“我们该怎么办呢?”

漆黑的夜晚，在长长的叹息声中更显寂静。

—— 畅皎帆

“嘀嘀，嘀嘀，现在是银河系地球时间上午八点钟。”

Lee在自己的拟生态大床上翻了个身，醒来。穿好衣服站在全自动洗漱机上，享受机器的全自动服务。过了一分钟，他坐在餐桌旁，吃着美味营养的全自动简餐，嚼一粒人体综合维生素片，接过机器管家递上的热牛奶。

手机铃声响起，同事加好友Gibbs正发出全息视频的请求。

Lee朝着屏幕微微点头，一道蓝光升起，Gibbs的头像清晰可见。

“嘿，Lee，别忘了我们八点半还要开一个会议，千万别迟到了。那些开发α星球项目的资料，也别忘了带。”

“知道啦，请给我发虫洞穿梭的坐标吧，谢谢。”Lee 说。

“好的，坐标已发，待虫洞稳定就可以穿梭了。”Gibbs 说。

Lee 仰头将热牛奶一饮而尽，起身走向渐渐张开的虫洞大门。

——刘仕冰

一道红色的光，上下迂回，从她的头顶闪到脖颈之后停了下来。

“嘀！”提取成功！

这是一项新型技术，名叫记忆提取，而且提取出的记忆的真实性也已得到保证，并迅速推广到刑侦领域。

她已年过花甲，终于有机会提出申请，要求重审那起毁掉她半生的误判。这段记忆便成了翻案的重要物证。

那日的法庭上，“我宣布，此案重审有效！”法官的话一字一句重重叩在她的心上。老人的脸上露出了几十年来最快乐的笑容，她的皱纹中绽放出沧桑的幸福。

——吕可雯

“方舟，快出发，再不走赶不上时间了。”

方舟从床下拖出自己的小型太空推进器，答道：“来了来了，马上就好！”

方舟和他的朋友迅速穿上太空推进器，轻启光门，已到太空。他们向大阅兵现场飞去。

“今天可是新中国成立 100 周年，盛况空前啊。”

“可不是，今年的大阅兵可是在新建的太空城里举行呢。”

“嘿嘿，听说新建太空城的模式与居民区大有不同，宇宙飞船方阵可在其中相对高速推进而不用担心建筑损坏和人员伤亡。”

“真是激动啊！赶快走吧。”

来自各个太空城的居民纷纷赶来，他们一起向新太空城飞去。

——汪浩

一个周末的下午，两人惬意地躺在草地上，聊着。

“天真蓝哪！”

“是呀。你记不记得咱们读大学的时候，那阴沉沉的天。”

“怎么不记得？那时候我肺不好，成天咳嗽，弄得你们几个室友都嫌弃我。”

“所以你发誓要解决能源问题，后来还真的把可控核聚变做出来了。”

“是呀，能源问题解决了，环境也好了。”

“没有你研制出的可控核聚变，我的‘远望者计划’也不可能实施。”

“现在你们已经跨越木星了吗？”

“早就越过木星了，现在宇航员正在土星的那个神秘光环附近。”

“我等着你们成功归来！”

天真蓝。

——梁谢东

“朱董，现在向您汇报本季度公司的收支情况，这季度我们亏损了四千万元。”秘书小蔡站在办公桌前做着汇报。

“沙漠森林项目不是开始盈利了吗？”

“还是垃圾清理改善环境项目的原因，垃圾分类要花钱，目前垃圾转化产生的电能收益还不大，垃圾产生的各种化工原料还没有形成规模，成本压不下来……”

“嗯。”朱董陷入沉思。

“朱董”小蔡试探着问，“当年和我们同时经营的几家公司，现在只有我们是入不敷出的。他们都没管垃圾的事儿，我们能不能……”

“小蔡啊，我们做生意的最重要的就是本心，所以就算我们破产了，我也不会放弃使用这个项目的。”朱董斩钉截铁地说。

小蔡若有所思地点了点头。

——朱学峰

这里是祖国的大西北。这里曾黄沙漫漫，但随着人类的发展，这一切必将改变。

“可以开始播种了。”

联合播种器发出轰鸣，无数的种子被种下，绿色的希望将会从这片荒地萌芽。

2049年，曾经的荒地已是绿意盎然，成了新的大农场。得益于基因工程，将骆驼刺的基因植入其他作物中，农作物的根系如同骆驼刺一样发达，深深地扎入泥土，寻找着仅存的水分，紧固着松散的沙石。

绿色继续在西北蔓延，不久的将来，黄色的高原亦有绿水青山。

——彭晨

“今天吃点什么啊？”妈妈问道。

爸爸打开华为100手机，点开“吃了吗”App。软件根据最新营养健康测量情况，立即匹配了一份食物清单。

爸爸点击“购买”。

十分钟后，传来嗡嗡声。

爸爸打开门，走上阳台。一架无人机悬停在空中，机械手臂抓着一个快递包裹，里面是刚刚从地里收获上来的几种食材。

不一会，香气从厨房飘散出来。

——吕海龙

“参谋长，这是A国新研制的反中子武器的各项参数。”

“可算来了！”

他兴奋地搓搓手，立刻将资料输进“3D军事模拟”超级计算机中。

“记得在远古时期，用的还是沙盘，模拟性能差，资源浪费大，先辈们想不到我们科技已如此发达。现在我们的模拟机速度是A国的2倍，何况还有新式武器参数这个重要情报，战场上我们将完全占据主动！”

他露出自信的微笑，按下模拟启动键。顷刻间，偌大的房间被光影充斥，两国边防部署、新式武器攻击模拟立体画面等，纷纷呈现出来。

——杜爽

在家中，小王正在看着全息电视，电话突然来了。

“喂，哪位？”

“您好，这里是合肥市人民政府，您提出的海洋移动岛屿居住体验申请审核已通过。请您携家人，于明天八点在市府广场集合出发。”

“太好了，非常感谢！”

一旁的父亲问道：“有什么好事啊？”

“爸，我们可以去移动岛屿体验生活啦。移动岛屿是为了解决现在人口过多问题的，目前岛屿已经配备了和陆地几乎一样的设施。现在政府正在试点，我们可以提前去体验了！”

“太好了，终于可以感受一下新科技了。那我们收拾收拾，准备出发吧！”

——杨东升

赛车，凝聚了多少年轻人追随的目光；赛道，是多少年轻人梦寐以求的地方。速度与激情里，那夹杂着一丝畏惧的快感，是多少人的心之所向。

“我成功了!”在中国，一个量子实验室里，发出一声呐喊。

“量子穿透技术终于成功了！从2019年到现在，30年了，您终于成功了，教授!”助手们也都欢欣鼓舞。

众人不知道的是，他还有另外一个身份——30年前的世界赛车协会会长。

他曾经目睹过许多车手将年轻的生命奉献在赛道上，他们曾经迎接世人崇拜的目光，可身后却留下了亲人无尽的泪水。

如今，不幸将不再发生，因为在撞车事故发生时，人与车将安全穿过墙体——而这得益于量子穿透技术。

汽车运动协会又忙碌了起来，更多的人投身到这项充满激情的运动中。

—— 冯嘉铭

“你是我的眼，带我领略四季的变换；你是我的眼，带我穿越拥挤的人潮。”音乐声将AI QUEEN发布会的气氛推向高潮。

为给盲人创造一个多彩的世界，公益组织正在推广这一款名叫Queen的全能机器人。

“Queen，我想看看南京的风景。”

“好的，主人，这就帮您。”

只见机器人给主人带上了特制头盔，输入地点，按下启动键，景象立刻自动生成。

“现在输入到您大脑里的是南京的夫子庙，还有中山陵……”

—— 李卉彬

我在海上回收合成吸收绵装置，这是一种吸附对海洋有危害的微生物，并净化海水资源的新技术。不过这种装置需要不断回收，清除里面的杂质，有些烦琐。

一条背着溺水者的海豚向我的船游来，我连忙接过还在昏迷中的人。

戴上智能语音分析耳机，耳机里传来了海豚的声音："不用感谢我救了人类，因为我也要感谢人类。不知道从什么时候开始，我再也没有遇见过红色的海域，我再也没有看到过痛苦惨死的同胞的尸体，再也没有看到过露出贪婪无情笑容的坏人。海洋始终如天空般湛蓝，我知道这是人类的功劳。无论未来我们是否会再遇见，我们都是地球上的生命。再见。"

海豚露出了一个极似人类的微笑，转身向更蓝的大海游去。

—— 赵颖颐

他站在社会援助箱前，光滑的箱面上映出了他因饥饿而惨淡的脸。

"嘀——身份认证完成。"箱面上亮起绿色的光，随之亮起的还有一个个按钮——衣服、食物、药品……

他点在食物键上。

"请稍等，即将为您传送。"

在绿色的进度条读满后，他打开箱盖，里面罗列的是整整齐齐的几份饼干、面包，够一个人好几天的生活。

这些物资都由公益组织捐出，由传送机实时传送给寻求帮助的人们，以帮助他们抵御生活的困苦。

—— 王昱遐

人类寻找类似地球这样适合生存的星体的行动，已持续了超过八个世纪……

早上六点，床边的情绪调节器传来一道细微的电流，尤金被闹醒了。

“快走，快走！”飞行舱外穿着金涤纶铠甲的探寻队员已开始催促。

探寻者们无一例外地清醒、前行！

这是很多很多年以前构建人类命运共同体的精神的传承，也是如今所有幸存生命体的责无旁贷。

—— 李彦燃

夏日，城市的街道弥漫着炙热的气息。

囡囡在办公室感受着空调带来的凉意，看着许多劳动者还在蒸笼般的室外工作，“需要为他们做一点事情”，她想。

在城市服务系统中，她搜索到附近百余名务工者的基本信息和他们的服务场所，计算机自动推送出他们最喜欢的奶茶口味。

她定了100多杯冰奶茶，点击“确认”。

夏日里，似乎吹来了一阵凉风。

—— 郝淑婷

“Hi，有什么可以帮您的？”

“我要参加一场工作面试，该如何穿搭？”

“请将全身置于镜头内。”

“您好，这些是适合您的几种穿搭，请选择，选择后请下单。”

App上显示的，是根据个人的身材气质特点产生的设计图，并展示出穿着效果动态图。

为“明天穿什么衣服”这种问题烦恼的时代已经过去了。

—— 肖玲

“嘀嘀嘀。”闹铃声准时响起，嘉浩揉了揉惺忪的睡眼：“Sir，那批货还有多久到?”

“预计今天下午送达。”一个机械女声响起。

嘉浩起身打开窗帘，崭新的一天已经拉开序幕，她的无人货车队就要到达了。

——詹振宇

小魏一边开车，一边向从 2019 年过去做客的我做着介绍。他的车内饰极其简约质朴，但是车辆的安全性和速度都有了极大的提高。

“现在的道路已经不限制时速了，车速和道路通行全部由高级智慧控制台来控制。”

“通行所需的时间成本和资金成本都非常低，大大提高了社会的运行效率和流畅度，”小魏的眼里满是得意，“科技改变了许多，也带来了非常大的便利，我能够身处于这样一个时代，真是幸运。”

——岳长鑫

2049 年，9 月 30 日，夜。

女孩婷婷倚在窗边，窗外满是霓虹，绚烂夺目，充耳的是嘈杂的汽车鸣笛声，道路被一片金色所覆盖。

婷婷将视线移向天空，那是另一个世界，空中透明隧道交错，数量繁多却井然有序。这是最近成功运行的“空中胶囊”，一种新型的交通工具。人们由地表乘坐直梯到达入口平台，检票进站。空中胶囊运用磁悬浮技术，使其悬浮于隧道内，速度快，容量大。

“爸，明天带我去坐一次空中胶囊吧，他们看起来好可爱!”

“一定一定，我也没坐过哩，明天爸带你一起去!”

2100 年，10 月 1 日，晨。

胶囊继续运行着，像是在开往下一个百年。

——陈奥

小方同学为了奖励自己又获新证，决定去打个牙祭犒劳自己。

来到餐馆，眼前的鱼香肉丝和毛圆汤却让他没了胃口。

“老板，你这毛圆里的肉吃起来不新鲜。”

“后生，怎么可能呢？我这，你大可放心！”

“这也叫放心？”

小方从背包里摸出探知仪。

探知仪可以探知人脑的记忆，老板倒也识相，赶紧说道：“后生，别啊，要不这顿免单？”

小方并不理会，拨通了12315。

——方玉祥

“谁能想到四十多年前还只能在电视上看宇航员上太空，而现在我们却能在太空中吃喝玩乐呢。”

“这就是时代与科技的进步吧，想当初这太空旅馆的建设还有我的一份贡献呢。”

“就你？可别吹牛了。”

“我认真工作，依法纳税，难道不也是为国家建设做贡献吗？”

“对对对，我们每个人啊，都是祖国的建设者。”

“女士们先生们，欢迎入住A08号太空旅馆，本旅馆将为您提供最优质的服务。您胸前的徽章，只要轻轻碰触，就会投射全息影像，帮助您解决旅途中的问题……”

——汪子涵

编辑心语：

中国特色社会主义进入了新时代，我们不仅是这个新时代的见证者，也是这个新时代的参与者、建设者和接班人。回顾历史，我们不忘初心；立足现在，我们脚踏实地；展望未来，我们砥砺前行。

在编辑历史新篇章这部分微小说的时候，我们是激动的，是欢快的，是自豪的，是充满斗志的。把中国梦写进小说，这听起来是一件多棒的事，我们做到了。历经整个章节的编辑工作过程，我们不仅学习到书本上的知识，而且对社会主义现代化建设的方针政策有了更加深刻的理解和感悟。在编辑的过程中，我们对大家的创作修改润色，感受到的不仅是当代青年的朝气，同时也深刻体会到我们这个新时代的伟大。在组织同学们编辑的时候，大家也会在讨论组里说一说自己的感悟，大多是为祖国的强大自豪，为生为中华儿女而骄傲，为未来建设添砖加瓦的决心等。国家在强大，我们亦在成长，我们将始终以习近平总书记的话为座右铭，“立鸿鹄志，做奋斗者”。

我们的最后一章不是最后一站，我们会精彩继续。

后　记

一

作为一部“红色微小说集”，本书是教育部规划基金项目“区域革命文化的生态与新时代传播实证研究”（项目号：18YJAZH069）阶段性成果之一。

学术界对革命文化及其衍生的红色文化，在概念上一直存在很大争议。习近平总书记在中国共产党第十九次全国代表大会的报告中指出，革命文化是“熔铸于党领导人民在革命”过程中创造出来的一种文化形态，对革命文化的内涵进行了界定。因此，革命文化实质上就是毛泽东同志所说的新民主主义文化。以革命文化为重要内容，人们把近现代以来中国人民为争取民族解放与自由、争取国家复兴与强盛的伟大实践中逐步形成的文化形态统称为红色文化。

革命文化诞生于20世纪初中国特殊的社会历史环境之中，进而演进成为一种文化生态，并发挥出巨大的历史功用。毛泽东指出：“革命文化，对于人民大众，是革命的有力武器。革命文化，在革命前，是革命的思想准备；在革命中，是革命总战线中的一条必要和重要的战线。”作为马克思主义中国化的阶段性产物之一，革命文化生态不仅推动了革命事业的进步，使得中国文化的性质、内涵、格局和影响力发生了根本性的变化，也为其后的社会主义建设和先进文化的发生孕育了必要条件。

新中国成立以后，建设革命文化生态、传播革命文化成为党和政府在文化战线上的重要任务。因各种原因被破坏的革命遗产得到恢复，多种多样的革命文化资源受到保护和开发，各种创新的文艺宣传形式受到鼓励，革命文化传播的渠道得到不断拓展、传播效度不断提高。特别是党的十八大以来，贯彻习近平“要把红色资源利用好、把红色传统发扬好、把红色基因传承好”的指示，革命文化在生态优化、传播效果方面有了显著的提高。

革命文化是党领导中国人民以马克思主义为指导，结合中国的革命实践，经过长期探索而形成的重要成果，具有坚实的理论依据和现实基础。正是在革命文化生态的“熏染”下，中国人民重塑了民族精神，找回了民族自信，最终赢得了革命的胜利。而革命文化丰富的内容和鲜活的事例，具有强烈的感染力，可以使当代中国人深刻了解昨天的中国人在党的领导下，为民族独立、国家进步而奋斗的英雄诗篇，对明天的中国富强和民族复兴抱有更强烈的信心和期盼，进而转化为今天昂扬奋进的斗志。因此，充分挖掘革命文化资源，并进行深入研究，积极创作质量高、形式新的文化作品，并广泛使用各种渠道传播，就可以使革命文化成为激励当代中国人为实现中国梦而不懈奋斗的强大精神支撑。

研究新时代革命文化传播问题是“区域革命文化的生态与新时代传播实证研究”项目的重要内容。作为实证，我们尤为关注红色资源在高校思想政治理论课教学中的创新运用，以及引导大学生的革命文化创新传播，并在实践的基础上进行总结。《中国近现代史纲要》因其特殊的课程特点，成为我们的首选。

二

高等学校的《中国近现代史纲要》课程，是以近两百年来中国的国情为基础资料，通过深入的剖析，指导大学生理解和掌握历史发展的规律；是以鲜活的史实材料、严密的理论推导，回答青年学生“四个选择”问题，即在血与火的历史征程中，中华民族和中国人民最终为什么选择了马克思列宁主义，为什么选择了中国共产党，为什么选择了社会主义道路，为什么选择了改革开放。该课程对应的文化形态就是红色文化，教材的中编主要反映的是革命文化。

我们引导学生以“微小说”的方式，按照《中国近现代史纲要》课程教材的结构安排，逐章创作红色文艺作品。微小说是伴随着互联网出现的新文艺形式。这是一种新型的超短篇小说，篇幅短小，约百字（一般 140 字以内）。这样短小的篇幅，创作难度并不大，适合不同专业的大学生写作。

引导学生创作微小说，首先是为了反哺课堂教学，提升教学效果。

近两百年来，中国的国情复杂多变，历史事件波谲云诡，人物命运大起大落，赋予作者极大的创作空间。要表现这样宏大的背景，作者所构想的小说片段，必然蕴含了他的某些理性思考。这样，在创作过程中，学生一方面加强了对课堂所学的理解，同时又通过“微小说形式”认同并且表达出了所学的理论。而教师在课堂上的讲述，经由身边同学艺术化地表现出来，较之于教材更贴近学生的生活，更富有感染力，这就进一步强化了学生对“四个选择”的政治认同、理论认同和实践认同。

2018 年前后，《中国近现代史纲要》教材依据习近平新时代中国特色社会主义思想进行了修改。为帮助学生深入理解“两个一百年”的奋斗目标，激励当代大学生的奋斗意志和使命担当，激发大学生的想象力和创作力，培养他们的创新意识和科学精神，我们在教学过程中要求学生“畅想第二个百年”，进行硬科幻微小说的创作。

我们要求作品能从某个侧面，反映出“第二个一百年”目标实现时，富强、民主、文明、和谐的社会情况和人民群众的幸福生活；或是反映出“第二个一百年”目标实现过程中，党领导人民群众的奋斗过程，展现出中华儿女的奋斗意志和奋斗精神；或是反映出“第二个一百年”目标实现时，作为人类命运共同体的中国和世界的美好愿景；等等。

我们探索把教学活动拓展成文创竞赛，在学校举办“畅想第二个百年”硬科幻微作品大赛。比赛共征集作品1700余件，评选出获奖作品100余件。《大学科普》杂志将其中的微小说全部刊登，后被美国哈佛大学图书馆收藏。

这次文创活动也引发了我们的思考。我们认为，这些“畅想第二个百年”的微小说，本质上是“红色”的，应当也属于红色文化的范畴。

2019年4月4日，《光明日报》以《有意义，更要有意思》为题，介绍“微小说教学法”的基本模式和把思政课办“活”的事迹，并刊登了合肥工业大学校长梁樑听课后的评价。该报道被多家网站转发，取得了良好的社会反响。

同时，引导学生创作微小说，也是以大学生为主体的红色文化在课堂上、在社会上创新传播的实践探索。

好的传播是以好的作品形式为前提的。随着移动客户端的普及，“碎片化阅读”成为人们一种重要的阅读习惯。而微小说（段子）贴近真实生活、反映社会现实、体现时代精神的特点，使其深受人们的喜爱。红色微小说的创作与传播，就是采用符合时代特点的、大众喜闻乐见的新形式，深入挖掘红色资源，讲好红色故事，可以使红色文化在当代广为流传。

艺术是具体、形象和生动的，更容易让人们产生情感认同，进而阅读和欣赏。这样，通过细腻的审美感受和想象、激情、联想、共鸣等心理模仿，就可以将正确的思想理论、鲜明的政治方向、端正的价值导向、高尚的道德情操（即“红色基因”）深深地扎根到人民群众的内心当中，从而转化为他们坚定不移的信念、昂扬奋进的斗志和自觉自愿的行动。

近年来，我们在教学过程中指导学生创作了近1万篇红色微小说。虽然囿于文学功底，他们未必能写出什么“传世名篇”，但这些大学生在国家的衰落与复兴、社会的动荡与富强、人生的悲欢与离合等具体情节之中，表达出对过去的反思、对现实的热爱和对未来的展望，也较好地表达出了当代青年人的责任意识。这些作品高扬着红色的旋律，充满了青春的气息，有着较高的传播价值，也起到了很好的传播效果。

本书就是一段时期以来大学生红色文化创新传播的成果总结。同时，通过书籍的编辑出版，我们进行了新的红色文化传播探索。

红色文化“源自中华民族五千多年文明历史所孕育的中华优秀传统文化”。本书在编辑过程中，有意识地渗入传统文化元素，以实现各种文化形态的融合性传播。

由燕山诗社杨金香、孙月龙两位老师统筹，我们对每一章的篇名和中心思想进行了传统方式的提炼和加工。篇名先是由青年作家石若轩以楹联方式提炼，后由被启功大师誉为“对联书法捷才”的王庆新老师润色，使每一章的篇名既有红色文化的特质，又有传统文化的韵味。我们还邀请来自全国各地的诗人，将每一章的中心思想提炼，写成七言绝句，然后作为题记置于各章之首，以这种创新性的形式将优秀传统文化与红色文化相融汇。在印制前，我们特约请了安徽省太白楼诗词学会副会长兼秘书长胡俊葆先生予以指导。

我们在教育部规划基金项目申报书中，就新时代革命文化传播提出了两个难点问题：一是在新时代中国特色社会主义思想指引下，在新的传播环境中，怎样坚守革命文化底蕴并不断创新；二是如何抵制革命文化传播中的娱乐化、低俗化等问题。本书以实证的方式，做出了初步回答。

三

“微创作教育教学法”是我们在长期的思想政治理论课教学实践中逐步摸索出来的一种新方法，它是一种思政教育方法，但首先是教学法。

教学过程是由各个不同的环节所构成的，对于思想政治理论课来说，实践性环节有着特殊的意义。因为大学生作为学习主体，他们是意志、情感和认知能力的统一整体，其认识活动是一个非常复杂的过程。在教学过程中，只有让大学生居于主体地位，通过实践体验，才能激发其学习的兴趣和动机，保持其学习的能动性和持久性，最终将正确的理论内化为个人的观念结构和行动准则。因此，实践性教学环节的设计，直接影响整体的教学效果。

由于种种原因，目前《中国近现代史纲要》课的实践教学环节还比较薄弱。这使得大学生既难以将理论知识内化，也难以将其社会化，对“四个选择”缺乏认同感，在一定程度上影响了青年学生政治信仰的确立。

“微创作教育教学法”最初是从“微小说方法”起步的。通过微小说这种文创形式，展开理论的逻辑线索，反映出历史和社会发展的必然规律，使学生在创作和鉴赏过程中受到教育——这是我们针对《中国近现代史纲要》课程设计的特殊的实践性教学方法。

从教学的反馈情况来看：对微小说的创作和赏析，大大激发了学生的学习兴趣，不仅有效传递了教育的内容，同时强化了学生对“四个选择”的理论认知和情感认同。“微小说方法”将思政课程与文学艺术相结合，将第一课堂与第二课堂相连接，将教师的主导性与学生的主体性相融合，是一种很有成效的教学方法。

依托教育部规划基金项目，来自中国科学技术大学（钱斌、赵琼、樊桂敏、齐莹）、合肥工业大学（钱斌、陆琳）、合肥师范学院（张淑华）、安徽医科大学（马稷）、合肥职业技术学院（王文飞）、安阳工学院（贺平、刘万军）、安徽建筑大学（马晓艳）、中国计量大学（陈风琴）等8所大学的十多位教师对“微小说方法”进行了深入的探讨，以期促进红色文化传播，同时进一步推动教学法改革。

我们在以下三个方面进行了新的尝试。

首先，将微小说创作与大学生创新创业项目链接。

将教师的教学活动和大学生的创新创业相结合，用项目来引导大学生红色文化传播，是一种崭新的形式。这样，学生创作微小说，不再仅仅是完成教师布置的作业，同时也是完成科研项目。这种方式可以充分激发学生的积极性和主动性，提高作品的质量，锻炼学生的传播能力。作为教学法，它使《中国近现代史纲要》课程不再局限于课堂，拓展了思想政治理论课的教学空间。

张淑华老师指导学生申报了“以《中国近现代史纲要》中的历史事件为素材创作微小说”（项目号：201614098128）项目，该项目很快升级为2017年国家级大学生创新创业训练计划项目（项目号：201714098059）。从项目完成情况来看，取得了令人满意的效果。

其次，将微小说创作与微视频制作结合。

“视频化阅读”是当代人一个重要的阅读习惯。在“视频化阅读”过程中，很多受众往往并不在意视频制作是否精良，而是视频本身在内容上是否可以触动他们，或者在表达上是否活泼有趣。青年学生思维活跃，擅于表现，微视频制作可以很好地发挥他们的特长；红色文化借此可以进行视频化的传播。作为教学法，“微视频方法”承接“微小说方法”，更加注重学生对作品内容的理解和对角色内心的表现，可以更好地实现《中国近现代史纲要》课程的教学目的，是一种新型的体验式教学法。

我们安排学生自由选择角色，在校园、教室、食堂、寝室等地点，利用简单的道具，表演出微小说的内容，用手机拍摄下来，然后制作视频。学生也可以制作动漫，或者剪辑影视剧的片段，配音后制成短视频，这种方法很受欢迎。学生发挥奇思妙想，因地制宜，在短时间内就制作出各种形式的视频 1 000 余个。

在此基础上，张淑华老师提出了“主旋律文艺作品融入中国近现代史纲要课程‘四进四出’教学方法”，引导学生创作或搜集主旋律影视作品、歌曲、美术作品、舞蹈作品等，并使之与教学内容相融合，较好地提升了《中国近现代史纲要》课程的吸引力和感染力。

最后，将微小说创作向微剧本创作延伸。

新媒体时代，多媒体传播是其典型特点，红色文化传播应适应这个特点。而红色剧本的创作，则是新时代红色文化传播的重要层面。好的红色剧本，可以制作多种多样的作品，有效链接各种媒体，进行全媒体覆盖。顺应当代人生活节奏和阅读习惯，借鉴“微小说方法”，创作微剧本，可以实现红色文化的全方位传播。作为教学法，从“微小说方法”向“微剧本方法”延伸，可以促使学生广泛阅读相关材料，深入揣摩剧本场景和人物心理，深刻理解和表达“四个选择”，实现《中国近现代史纲要》课程教学质量的提升。

我们在中国科技大学、合肥工业大学、安徽建筑大学和合肥师范学院尝试了这种做法，共收到学生1000余个微剧本，总字数达700余万。此外，还有学生根据剧本拍摄的近200部微电影（微视频）。不少剧本情节设计合理、紧凑，矛盾冲突精彩、激烈，主旨鲜明，短小精悍，非常适合传播。合肥工业大学校园广播站遴选了部分作品，制作成红色广播剧，已陆续在校内播出，受到了学生的欢迎和好评。下一步，我们拟指导中国科学技术大学相关学生社团，开展广播剧制作和红色剧目演出活动，推动校园文化建设。

在上述思考和实践的基础上，我们以“中国近现代史纲要课程微创作教学法研究”为题，申报了安徽省2019年高校思想政治理论课教学方法改革“择优推广”项目，本书也是其中一项重要的成果（项目号sztsjh2019－3－2）。

由于思想政治理论课教学和科研的突出表现，马晓艳、钱斌二位老师分获中共安徽省委教育工委“安徽省高校思想政治理论课教师2017年度影响力人物”和“安徽省高校思想政治理论课教师2017年度影响力提名人物”荣誉称号。2019年，钱斌老师获评“全国优秀教师”。

要之，以微小说为基础的相关创作和探索性活动，不仅为新时代红色文化在传播的内容、方式方法和渠道等方面的创新提供了实证，也为中国近现代史纲要等高等学校思想政治理论课的教学改革提供了借鉴。

四

作为一本以传播为导向的红色作品集，微小说的提炼、编辑，是一个重要环节。

为了贯彻教育部“十大育人体系”建设规划，落实课程育人、文化育人、科研育人和实践育人的要求，我们将书籍编纂和学生工作结合了起来。由中国科学技术大学马克思主义学院负责学生工作的赵琼、樊桂敏、齐莹和合肥工业大学马克思主义学院学生工作办公室的焦陈丰、张翮等导师组织，建立了一支学生编辑队伍。

学生编辑队伍由研究生汪丽娟具体负责，分成若干小组，组员包括来自中国科学技术大学、合肥工业大学、合肥师范学院、安徽大学、淮南师范学院、石河子大学、铜陵学院、皖南医学院、重庆大学、湘潭大学、天津中医药大学、淮北师范大学、湖北大学、南昌大学、上海大学、浙江财经大学东方学院、安徽机电学院、芜湖职业技术学院等18所学校的近50名研究生、本科生。

为了提高书稿质量，由陆琳老师做文学指导，邀请青年作家石若轩负责文字和格式。

在书籍编纂过程中，我们依据思想性和艺术性的原则，首先由学生编辑挑选1 000余篇微小说，按照《中国近现代史纲要》（2018版）的顺序分为十一章；再由主编依据《关于建国以来党的若干历史问题的决议》等文件精神审核。接下来，要求学生编辑逐篇对微小说进行润色，由刘莉、李光亚两位老师负责全书统稿，最后由各位主编共同审定。

从文稿情况看，由于青年人的人生阅历、历史知识和写作功底等方面的不足，不少微小说存在一些瑕疵。如，大部分小说都超过140字的限制，不太符合“微小说”的定义；有的微小说在结构上不太合理，适当调整可能更好些；有的微小说语言过于直白，缺少小说的韵味；有的微小说在内涵上还可以进一步挖掘；或者在思想表达上比较模糊，还可以再明晰一些；有的微小说在选材上，似乎并不合适；还有的微小说，在细节上存在明显错误；等等。

各位主编商议后认为：本书不仅是教学成果的一次总结，也是为红色文化传播准备高质量的作品。因此，首先要在思想上严格要求，“非红不用”；在小说情节上，在尊重原作者表现方式的前提下，能改则改；人名、时间、地点等错误，予以改正。

经过半年的编辑工作，书稿的质量有了整体性的提高。

通过一段时期以来指导学生编辑书稿，我们认识到：

课程育人不仅仅是一门课程的教学过程本身，而是可以通过辅导员将第一课堂和第二课堂连接，使得思想政治教育课程与学生思想政治教育无缝对接，并通过辅导员的组织工作，开辟“第三课堂”（对社会公众），让红色文化作品“走出象牙塔，走进百姓中，传播到千家万户”。在此过程中，不仅实现了教学思想、教学方法的重要变革，促进了红色文化传播，也成功形成了辅导员的工作案例，成为辅导员工作的重要成果。

文化育人是以文化人。组织学生编辑文化作品的意义，在于用大量优秀的红色文化微小说对他们进行直接的教育；并通过他们的修改，提高作品质量，去教育更多的受众。在此过程中，不仅提炼了教学成果，也通过红色文化的传播，滋养大众心灵，涵育社会主义核心价值观，同时繁荣了校园文化，实现了学生思想政治工作的重要目标。

在科研育人方面。张翮老师以“大学生（研究生）思想政治教育中情感认同培养模式的路径分析——以‘微小说’式实践教学方法为例”为题，申报2018年合肥工业大学研究生思想政治教育工作实践专项，并将其与本书的编纂融合在一起。学生参加编辑，同时也是参加了科研项目，在教师的带领下开展科研活动。在此过程中，不仅打通了课程教学和学生思想政治工作的新通道，也提高了微小说作品的质量，为高质量文化传播奠定基础，还通过“教师带科研”的方法，培养了学生严谨求实的科研作风。

在实践育人方面。“微小说方法”“微视频方法”“微剧本方法”和“‘四进四出’教学法”等，是我们在长期的思想政治理论课教学实践中逐步摸索出来的几种新的实践性教学方法；书籍编辑也是我们创新的一种实践形式。在此过程中，不仅可以增强课程教学效果，也可以促进红色文化的传播创新，同时在实践中培养了学生的相关能力。

在上述理论和实践的基础上，我们提出了完整的“微创作教育教学法”。它是指导学生创作微作品，用之于日常教学，同时与学生思想政治教育、创新创业活动等其他形式无缝对接，用各种文创作品来感染和熏陶学生，促使其产生情感认同并持久发挥效用的一种新型教育教学方法。

书稿付梓之际，感谢各位老师和编辑们的付出，感谢疏利民老师的奔走辛劳。祈愿这本承载来自全国各地青年作者“对中国近现代国情的思考与展现”的书，能肩负起自己的使命，切实促进红色文化的创新传播，为中国特色社会主义文化市场的繁荣兴盛尽到绵薄之力。

2021年11月